Seelenwärmer

Karin Hertzer ist Medizinjournalistin mit den Schwerpunkten Gesundheit und Ernährung. Als Expertin für das Thema „Frieren" hat sie Ratgeber veröffentlicht und betreibt die Website www.bibber-di-bibber.de. Ihren Geburtstag mitten im Winter feiert sie am liebsten als Beachparty (Heizung auf 6 stellen!). www.karinhertzer.de

Peppi Kalteis hat bei Alfons Schuhbeck, Karl Ederer und Hans Haas gearbeitet. Seit 1998 kocht er im eigenen Restaurant „Kalteis" im oberbayerischen Ostermünchen. Trotz seines Nachnamens kreiert er auch viele wärmende Wintergerichte. www.peppi-kalteis.de

Annabelle von Sperber studierte an der Fachhochschule für Gestaltung in Hamburg. Seit 2000 arbeitet sie als freie Illustratorin für Verlage und Zeitschriften. Sie lebt mit ihrer Familie in Berlin. www.illustrator24.de

Karin Hertzer
Peppi Kalteis

Seelenwärmer

Kochrezepte und Wohlfühl-Tipps für kalte Tage

vgs EGMONT

Herzlichen Dank an all meine Testköche und Testesser!

Karsten Böttjer, Emőke Budai, Marina Burwitz, Christine Disse, Susanne Effner, Bärbel Engelbrecht, Monika Faden, Ingrid Fischer-Rösch, Matthias von Fragstein, Dorette Güllich, Susi Heinz, Petra Herbst, Ute Hillen, Jutta Holz, Pia Lichnofsky, Katharina Kniess, Lena Köster, Ellen Kreipe, Steffi Meyer zum Alten Borgloh, Claudia Minke, Markus Mittmann, Petra Nehmeyer, Sabine Patzek, Gunter Schäfer, Petra Schrand, Ursel Schulz, Stephanie Stadtaus, Günter Wagner, Ulli Wagner, Kirsten Wolf, Martin Wolfrum.

Karin Hertzer

Originalausgabe

verlegt durch EGMONT Verlagsgesellschaften mbH,
Gertrudenstraße 30-36, 50667 Köln

1. Auflage
Rezepte: Karin Hertzer, München; Peppi Kalteis, Ostermünchen
Illustrationen: Annabelle von Sperber
Redaktion: Gabriele Kalmbach/Ulrike Kraus
Produktion: Simone Nauerth
Umschlaggestaltung: Zero Werbeagentur, München
Layout: Angela May Grafikdesign & Buchgestaltung, Mettmann
Druck: Himmer AG, Augsburg
ISBN 978-3-8025-3729-5

www.vgs.de

Inhalt

Wärme zum Löffeln

Als Kind hatte ich eine große Oma und eine kleine Omi. Beide Großmütter waren etwa gleich groß, die „große" war nur etwas breiter als die „kleine". Wenn wir meine große Oma besuchten, spielte sich das Leben vor allem in der Wohnküche ab: Oma kochte uns morgens Haferflocken mit Milch, dazu gab es Zimt und Zucker, eingekochte Birnen oder Apfelmus. Sie rührte, backte und brutzelte den ganzen Tag, und in der Küche duftete es ganz wunderbar nach Eierkuchen, Röstkartoffeln und Sonntagsbraten. Und vor allem war es dort warm!

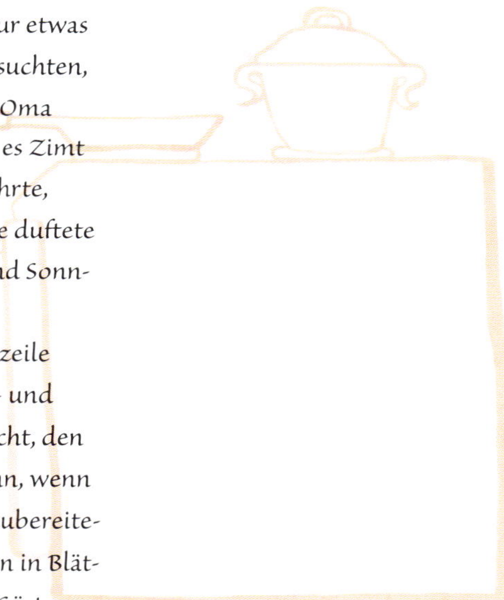

Bei meiner kleinen Omi versteckte sich die Küchenzeile am Ende des Flures hinter einem geblümten Vorhang – und sie blieb meistens kalt. Die Kochplatten schafften es nicht, den ungeheizten Flur zu erwärmen. Noch nicht einmal dann, wenn meine Omi eine Dose Hühnerfrikassee im Wasserbad zubereitete und die weiße Masse dann mit ein paar Extra-Kapern in Blätterteigpastetchen füllte. Ansonsten servierte sie ihren Gästen Schnittchen, Käsegebäck und Pralinen auf dem Wohnzimmertisch. Meist gingen wir mittags aber „etwas Kleines" essen.

Rückblickend bin ich sehr dankbar dafür, dass ich als Kind eine große Oma und eine kleine Omi hatte. Denn in der „Großen" mit der Wohnküche erkannte ich die patente und warmherzige Bauersfrau, während mir die „Kleine" mit der Küchenzeile als Witwe eines Tierarztes eine vornehme und coole Esskultur vorlebte.

Später, als ich studierte, wohnte ich in einer Einzimmerwohnung mit einer extrem kleinen Küche. Dort zauberte ich auf einem „halben" Herd und in einem „halben" Backofen die tollsten Speisen und Kuchen. Das Essen servierte ich auf einer Picknickdecke im Wohnschlafzimmer und saß dort mit meinen Gästen wie die Indianer ums Lagerfeuer.

Später lagen meine Kochkünste wieder brach, denn als Freundin eines Metzgermeisters brauchte ich nur das Gemüse zu schnippeln und war für die Salatsauce und das Tischdecken zuständig.

Durch meinen Job als selbstständige Medizinjournalistin hockte ich manchmal stundenlang am Schreibtisch. Im Winter war ich bis mittags – trotz laufender Heizung – meist vollständig ausgekühlt, denn meine Körperwärme schien von den Händen und Füßen in den Kopf umgeleitet zu werden. Bibbern, zittern, schlottern – das Frieren wurde mein ständiger Begleiter. Immerhin kam ich so auf die Idee, zwei Buchprojekte über das Frieren zu veröffentlichen. Drei Jahre lang durchforstete ich die medizinische Fachliteratur, diskutierte mit Kollegen und Ärzten und gab mehr als 30 Interviews zum Thema „Frieren". 50 heiße Tipps hatte ich mittlerweile in petto. Und trotzdem waren meine Füße an manchen Abenden so kalt, dass ich trotz Wärmflasche nicht einschlafen konnte.

Weiterführende Literatur:
Ute Engelhardt, Carl-Hermann Hempen: Chinesische Diätetik, Urban & Fischer, 2002.
Ute Engelhardt, Rainer Nögel: Rezepte der chinesischen Diätetik, Urban & Fischer, 2009.

Über die Traditionelle Chinesische Medizin (TCM) hatte ich im Laufe der Jahre schon mehrmals geschrieben und dabei auch erwähnt, dass es wärmende und kühlende Lebensmittel gibt. Welch ungeheures Potenzial die chinesische Ernährungslehre aber für Frostbeulen wie mich hat, entdeckte ich erst so richtig während der Recherchen zu diesem Kochbuch.

Zur besseren Orientierung las ich immer wieder in den Fachbüchern, die zwei Münchner TCM-Ärzte zusammen mit einer Sinologin geschrieben haben (s. S. 23): Welche Zutaten sind wärmend? Was gilt als kühlend? Wie sollte man die Lebensmittel am besten zubereiten, damit die Speisen so richtig schön von innen einheizen?

Mit meinem fürsorglichen Metzgermeister Gunter Schäfer an der Seite fühlte ich mich schließlich bestens gerüstet für dieses Kochbuch, das unter anderem viele wärmende Fleischgerichte empfiehlt. Als mir dann noch eine Kollegin den Profikoch Peppi Kalteis als Co-Autor für die besonders aufwendigen Rezepte vorschlug und sich der vgs-Verlag für die farbenfrohen Zeichnungen der Illustratorin Annabelle von Sperber entschied, schwebte ich vollends im sonnigen Küchenhimmel.

Bei meinen vielen Testköchen sowie Testessern – allen voran Stephanie Stadtaus – möchte ich mich für die wertvollen Ideen und Vorschläge bedanken (s. S. 4). Und auch an meine „große" Oma denke ich gern zurück, denn jetzt nutze ich unsere gemütliche Wohnküche viel öfter als früher, um etwas Leckeres zu rühren, zu backen oder zu brutzeln. Warme Hände und Füße sind dabei inklusive, und ein wohlig-warmer Bauch sowieso.

Die chinesische Ernährungslehre

Bei den Rezepten in diesem Kochbuch orientieren wir uns an den Erfahrungen der Traditionellen Chinesischen Medizin (TCM), die schon im dritten Jahrhundert vor unserer Zeitrechnung auf den engen Zusammenhang zwischen Ernährung und Gesundheit hinwies. Die Ernährungslehre entwickelte sich erst 1000 Jahre später, als man begann, zwischen Heil- und Nahrungsmitteln zu unterscheiden.

Über die TCM gibt es rund 8000 medizinische Werke, bei etwa fünf Prozent der Schriften dreht es sich um die Ernährungstherapie. Ihr liegt dasselbe Ordnungsschema wie den anderen Therapieformen zugrunde: Denn auch bei der Akupunktur, der Arzneimitteltherapie, der Bewegungslehre und der

Vorwort von Peppi Kalteis:

„Das Essen soll zuerst das Auge erfreuen und dann den Magen“, forderte schon Goethe. Auch in der gehobenen Gastronomie unserer Tage geht es häufig in erster Linie um Aussehen und Geschmack der Speisen. Wie aber die einzelnen Lebensmittel und Zubereitungsarten auf die Körpertemperatur einwirken – das stand auch bei meiner Zusammenarbeit mit namhaften Köchen wie Alfons Schuhbeck, Karl Ederer und Hans Haas niemals zur Debatte. Welche zusätzlichen Wonnen ein wärmendes Essen verspricht, habe ich daher erst während des Zusammenstellens der Seelenwärmer-Rezepte erfahren. Bislang habe ich mir wenig Gedanken um unseren Familiennamen Kalteis gemacht. Wenn ich es mir jedoch recht überlege, hat wahrscheinlich schon unser Vorfahre, der Postwirt Aloysius Kalteis, im Winter arg frieren müssen. Denn das 500 Jahre alte Haus in Ostermünchen, das unserer Familie gehört, besitzt zwar dicke Mauern, aber so richtig kuschelig warm wurde es früher weder im „Landhof Kalteis“ noch in der darüber liegenden Wohnung. Ich erinnere mich jedenfalls daran, dass ich als Junge ständig kalte Hände und Füße hatte, obwohl ich sehr aktiv war und viel Sport getrieben habe.

Mein Vater war der Metzger in unserem Ort. Beim Schlachten und Zubereiten des Fleischs stand er in Gummistiefeln auf den feucht-kalten Bodenfliesen und musste oft in die Kühlung gehen, was sicherlich nicht immer angenehm war. Als Koch habe ich es – in Hinblick auf die Temperaturen am Arbeitsplatz – viel besser getroffen als er, denn all die Herde und Öfen heizen eine Küche enorm auf, und das Hantieren mit den schweren Töpfen und Pfannen gleicht manchmal einem schweißtreibenden Hanteltraining.

Wenn ich dann nach getaner Arbeit mitten in der Nacht nach Hause komme, reiße ich trotz Minusgraden das Fenster im Schlafzimmer auf. Denn als geborener „Kalteis“ liebe ich die frische Winterluft – seit fünf Jahren mache ich es mir aber etwas gemütlicher und nehme eine Wärmflasche mit ins Bett.

Tuina-Massage dreht sich alles um die Lebensenergie Qi, die in Leitbahnen (Meridianen) durch unseren Körper strömt. In der Sichtweise der TCM ist der Mensch gesund, wenn sich seine Lebenskraft Qi frei und ungehindert bewegen kann. Krankheiten entstehen demnach bei Blockaden, zu langsamem oder zu schnellem, zu viel oder zu wenig Qi in den jeweiligen Funktionsbereichen.

Um zu verstehen, warum einige Menschen viel frieren, andere aber nicht so sehr, hilft ein kurzer Einblick in die chinesische Philosophie: Im Taoismus spielt das Wissen um das Tao eine wichtige Rolle – so bezeichnen die Chinesen das Eine, das Allumfassende, das Prinzip, das der Welt zugrunde liegt. Es ist die innere Gesetzmäßigkeit, die die Natur ordnet, symbolisiert durch den Kreis, eine Linie ohne Anfang und Ende.

Um den Wechsel von Tag und Nacht, von Helligkeit und Dunkelheit, Ebbe und Flut zu erklären, entwickelten die Chinesen das Yin-Yang-System. Denn ihrer Meinung nach beruht das ganze Sein – das Tao – auf Gegensätzen, die klar zu unterscheiden sind, sich aber doch ergänzen:

- Yin bedeutete ursprünglich die schattige Seite eines Hügels. Damit werden Qualitäten wie Dunkelheit, Ruhe, Passivität, Einschließendes, Weiblichkeit und eben auch Kälte verbunden.
- Yang entstand aus dem Zeichen für die sonnige Seite eines Hügels. Entsprechende Qualitäten sind Licht, Erregung, Aktivität, nach außen Gerichtetes, Männlichkeit und eben auch Wärme.

Das ständige Frieren vieler Frauen hängt also nach Ansicht der chinesischen Heilkunde vor allem mit einem Yang-Mangel und somit einer Yin-Fülle zusammen – und das ist die gute Nachricht: Dieses Ungleichgewicht können Sie durch geeignete Maßnahmen wieder ausgleichen! Um das passive Qi wieder auf

Trab zu bringen, hilft es nämlich, sich „richtig" zu ernähren. Die TCM ordnet jedem Lebensmittel ein klar beschriebenes Temperaturverhalten zu, das von kalt über kühl (Yin) bis warm und heiß (Yang) reicht. In der Mitte steht das thermisch Neutrale.

Wichtig zu wissen: Kühle und kalte Lebensmittel bewirken, dass sich die Lebensenergie Qi in unserem Körper verlangsamt, verdichtet und nach unten geführt wird. Beim Genuss von wärmenden Lebensmitteln entfaltet und beschleunigt sich das Qi, und es steigt auf. Hinzu kommt, dass sich das Temperaturverhalten der Lebensmittel durch die Zubereitungsart ändern kann: Sie können also kühle und kalte Lebensmittel mehr oder weniger stark erwärmen, aber auch warme und heiße Lebensmittel durchs Einfrieren in Richtung Kälte verändern.

Fröstelnden Menschen empfiehlt die chinesische Diätetik, dass sie sich vor allem mit von Natur aus wärmenden Lebensmitteln ernähren sollten, deren Energie sie mit wärmenden Zubereitungsmethoden noch weiter steigern können. Umgekehrt heißt das aber auch: Wer viel friert, sollte um kühlende Lebensmittel und kühlende Zubereitungsarten einen großen Bogen machen.

Die Kunst des Würzens

Wenn Sie viel frieren, lohnt es sich, den vielen wärmenden Gewürzen und Kräutern auf die Spur zu kommen. Atmen Sie ganz bewusst den Duft der geriebenen Wurzeln und Rinden, der getrockneten Blätter, Blüten und Früchte und der gerösteten Samenkörner ein. Und genießen Sie die geschmacklichen Abenteuer, wenn Sie sich die gewürzten Speisen auf der Zunge zergehen lassen.

Viele Kräuter und Gewürze entwickeln erst beim Kochen, Braten und Schmoren der Speisen ihr volles Aroma – und mithilfe der „richtigen“ Kräuter und Gewürze können Sie aus ganz einfachen Gerichten wärmende Mahlzeiten zaubern. Sie werden sehen: Mit etwas Übung können Sie sich auf Ihre Nase und Ihre Zunge immer besser verlassen.

Ayurvedische Ernährungsweise im Winter

Ebenso wie die chinesische Medizin empfiehlt auch die traditionelle indische Heilkunst Ayurveda frierenden Menschen, dem Körper durch die Ernährung wärmende Energie zuzuführen. Gekochte und warme Speisen eignen sich dafür, das Verdauungsfeuer im Magen und im Darm anzufachen. Da kühle Lebensmittel dem Magen einen Schock versetzen, soll man sie eine Stunde vor dem Essen aus dem Kühlschrank holen. So können sich auch die Aromastoffe besser entfalten.

10 heiße Tipps für Ihr Wohlbefinden

Nehmen Sie das Frieren ernst – und tun Sie etwas dagegen! Nutzen Sie alle Möglichkeiten, um in Wallung zu kommen: Dazu gehören wärmende Kleidung, ausreichend Bewegung, Entspannungsmethoden und ein herzliches Lachen – und selbstverständlich auch das Einheizen von innen mit wärmenden Lebensmitteln, die Sie mit wärmenden Methoden wie Kochen, Braten und Schmoren zubereiten.

1. Vermeiden Sie alles, was Sie auskühlen könnte: zu dünne Kleidung, zu langes Arbeiten im Sitzen, andauernde Trägheit und zu viel negativer Stress. Achten Sie bei Ihrer Ernährung vor allem darauf, nur in Ausnahmefällen zu kühlenden Lebensmitteln zu greifen, und verzichten Sie auf kalte oder gar eiskalte Zubereitungsmethoden.

2. Um der wärmenden Ernährungsweise auf die Spur zu kommen, hilft es, sich in Erinnerung zu rufen, was Sie am liebsten im Sommer essen und trinken – genau darum sollten Sie nämlich in der kälteren Jahreszeit einen großen Bogen machen. Nicht zu empfehlen sind Südfrüchte, Tomaten, Gurken, Salat, Sauermilchprodukte, Mineralwasser, Weißwein und Bier.

3. Frauen, die viel frieren, können sich an der Ernährungsweise der „warmblütigen" Männer orientieren. Zwar gibt es mehrere Gründe dafür, dass Männern meist wärmer als Frauen ist. Zu beobachten ist jedoch auch, dass sich viele Männer instinktiv „richtig" ernähren und Gegrilltes, Gebratenes und Schmorgerichte bevorzugen, während viele Frauen auf ihre Figur achten wollen und dafür die „falschen", nämlich die kühlenden Lebensmittel wählen.

4. Beginnen Sie kalte Tage mit einem wärmenden Frühstück: Am besten eignet sich dafür ein warmes Dinkel-Müsli (s. S. 126) mit wärmenden Gewürzen, Walnüssen, heißen Aprikosen, Pfirsichen oder Kirschen. Wenn es mal schnell gehen muss, tut's auch eine heiße Hühnerbrühe oder schlichtweg ein Glas heißes Wasser.

5. Halten Sie für kühle Tage eine große Auswahl an wärmenden Gewürzen bereit. Um für die nächste „Eiszeit" gerüstet zu sein, sollten Sie frischen Ingwer vorrätig haben. Denn mit einem heißen Ingwertee (s. S. 134) kommen die Lebensgeister rasch zurück.

6. Da viele wärmende Speisen lange gekocht, gebraten, gebacken oder geschmort werden müssen, lohnt es sich, über energiesparende Maßnahmen nachzudenken. Zu empfehlen ist ein Gasherd, wie ihn auch die meisten Profi-Köche in der Gastronomie benutzen. Bei

Elektroherden können Sie die Koch- oder Backzeit schon mit der Aufwärmphase einsetzen lassen und die Restwärme der Herdplatte oder des Backofens nutzen.

7. Überlegen Sie, ob Sie in der kalten Jahreszeit auf die Kühltruhe verzichten können. Am Ende des Sommers verbrauchen Sie alle tiefgefrorenen Lebensmittel und schalten das Gerät anschließend so lange aus, bis die Außentemperaturen wieder dauerhaft ansteigen.

8. Herd und Backofen strahlen viel Hitze ab, die Küche heizt sich auf und wenn Sie Zeit und Lust zum Flambieren von Fleisch, Obst oder Getränken haben, treibt Ihnen das Kochen vielleicht sogar ein paar Schweißtropfen auf die Stirn.

9. Sehen Sie das Kochen doch mal sportlich! Sicherlich kennen Sie das: Sie kommen aus dem Fitnessstudio oder vom Joggen nach Hause, und noch Stunden später fühlt sich Ihr ganzer Körper warm und wohlig an. Beim Kochen und Backen ergeht es Ihnen eigentlich ähnlich wie beim Sport: Sie stemmen schwere Pfannen, große Töpfe und wuchtige Schneidbretter, holen die Kräuter vom Balkon oder aus dem Garten, hacken und mörsern Gewürze, kneten den Teig kräftig durch und bücken sich, wenn versehentlich etwas heruntergefallen ist.

10. Beobachten Sie ein paar Tage lang Ihre Essgewohnheiten: Was essen Sie am liebsten? Was essen Sie oft? Was mögen Sie eigentlich nicht, essen es aber – aus welchen Gründen auch immer – trotzdem? Hinterfragen Sie Ihre tägliche Routine und überlegen Sie, ob Sie vor allem in Hinblick auf das ständige Frieren einmal etwas Neues ausprobieren möchten. In diesem Kochbuch finden Sie viele Tipps, Anregungen und Rezepte. Die Umstellung lohnt sich!

Scharfes

Spaghetti mit Chili-Öl

Scharfe Hühnersuppe mit Kokosmilch
und Austernpilzen

Feuriges Chili mit Kürbis und roten Paprika

Gegrillte Thunfischsteaks mit Wasabi-Kruste
Rezept von Peppi Kalteis

Jambalaya mit Shrimps und Huhn nach Cajun-Art

Penne all' arrabbiata

Scharfe Saucen: Harissa, Aïoli, Ajvar,
Meerrettichsauce

BUNTER PFEFFER

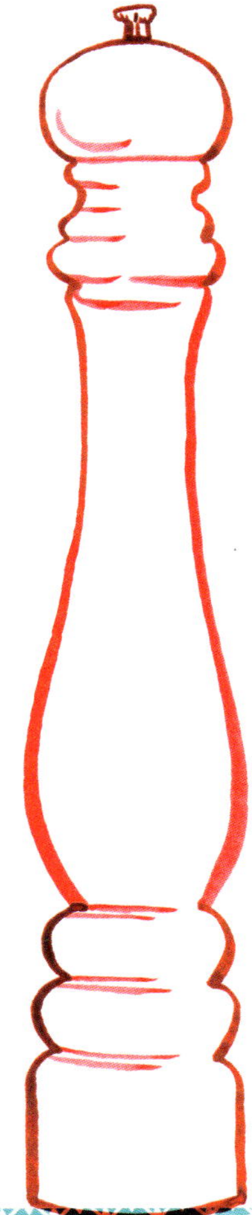

Spaghetti mit Chili-Öl

Gut zu wissen: Chili entwickelt in Wasser (Suppe, Tomatensauce) mehr Schärfe als in Öl.

Für 4 Personen

2 Knoblauchzehen
2 Peperoncini oder getrocknete rote Chilis
4 EL Olivenöl
400 g helle Dinkel-Spaghetti
1 EL gehackte glatte Petersilie

1 Knoblauch schälen und klein hacken. Frische Chilischoten in feine Ringe schneiden bzw. getrocknete Chilis mit dem Messer zerdrücken.

2 In einer Pfanne Öl erhitzen, Chili hinzugeben und darin leicht anbräunen. Knoblauch kurz anbraten, dann die Pfanne von der heißen Platte nehmen, damit er nicht verbrennt.

3 In einem großen Topf 4 l Salzwasser zum Kochen aufsetzen. Die Spaghetti darin nach Packungsanweisung al dente kochen, dann das Wasser abschütten. Spaghetti im noch heißen Topf zurück auf die ausgeschaltete Herdplatte stellen, damit das restliche Wasser verdampft.

4 Die Spaghetti in die Pfanne mit dem heißen Würzöl geben und 5 Minuten bei kleiner Hitze darin schwenken.

5 Währenddessen Petersilie waschen, abtropfen lassen und Blätter klein zupfen. Die Nudeln auf großen tiefen Tellern anrichten und mit Petersilie bestreuen.

TIPP

Chili-Öl wird noch schärfer, wenn Sie es ein paar Tage lang in einem Schraubglas oder einer Flasche ziehen lassen. Dafür am besten gleich etwas mehr ansetzen und das Glas nach dem Kochen wieder mit Öl auffüllen. Passt auch zu geröstetem Knoblauchbrot (Crostini).

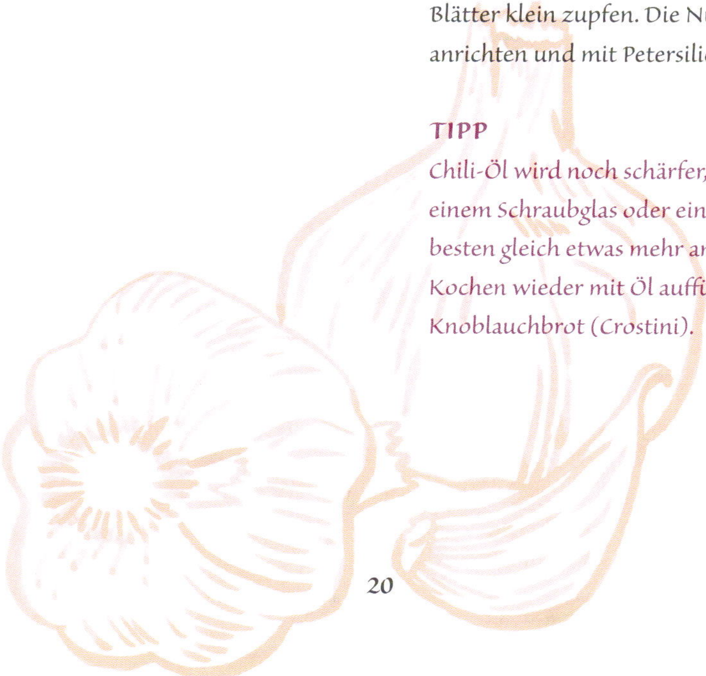

Chilis sind die Früchte eines etwa 60 Zentimeter hohen Paprika-Strauchs, der ursprünglich aus Mexiko stammt (Saucen und Pasten mit Chili s. S. 36). Heutzutage ist Indien der größte Chili-Hersteller und -Exporteur.

Die grünen Schoten sind unreife Früchte und heißen bei uns oft Peperoni, es gibt aber auch viele andere Sorten. Nach weiteren vier Wochen am Busch färben sich die Früchte – je nach Sorte und Reifungsgrad – orangegelb, rot, rotviolett bis dunkelbraun und schwarz. Die typische Schärfe der Chilis sitzt vor allem in den Samen und in den weißen Scheidewänden der Frucht. Verantwortlich dafür ist der Inhaltsstoff Capsaicin, der beim Essen den typischen Hitze- und Schmerzreiz auslöst.

Den Schärfegrad von Chilis misst man in der Einheit Scoville: Die Skala reicht von 0 für den milden Gemüsepaprika bis zu 30.000 für die feurig-scharfen Habanero-Chilis aus Mexiko. Eine vereinfachte Skala geht von 0 bis 10.

Chilipulver wird aus verschiedenen milden bis scharfen Sorten hergestellt, die trocken geröstet, gemahlen und mit Würzmitteln wie Kreuzkümmel, Knoblauch, Zwiebeln, Oregano und manchmal auch Zimt vermischt werden.

Scharfe Hühnersuppe

mit Kokosmilch und Austernpilzen

Zur Hühnersuppe passt Basmati-Reis, den jeder selbst zur Suppe geben kann.

Für 4 Portionen

40 g Galgant (Thai-Ingwer)
2 Stangen Zitronengras
3 Kaffir-Limettenblätter
2 große Papier-Teebeutel (für losen Tee)
Zwirn
2 Schalotten
2 rote Chilischoten
3 Frühlingszwiebeln
400 ml Kokosmilch
400 ml Hühnerbrühe (s. S. 142)
600 g Hühnerbrustfilet
200 g Austernpilze
3 EL Öl
1 EL Palmzucker (aus dem Asialaden)
1 Bund Koriander

1 Galgant schälen und in dünne Scheiben schneiden. Zitronengras mit dem Messergriff oder einem Stößel flach klopfen und in 3 cm lange Stücke schneiden. Koriander waschen, die Stängel in Stücke schneiden, das Blattgrün beiseite legen.

2 Die Teebeutel mit Galgant, Zitronengras, Korianderstängeln und Kaffir-Limettenblättern befüllen und oben mit Zwirn zuknoten.

3 Schalotten schälen und in kleine Würfel schneiden. Eine der beiden Chilischoten entkernen und die Trennwände entfernen, die andere komplett verwenden. Chilis und Frühlingszwiebeln in dünne Ringe schneiden.

4 In einem Topf Kokosmilch mit Hühnerbrühe aufkochen. Chili, Würzpaste, Frühlingszwiebeln, Schalotten und verschlossenen Gewürzbeutel 5 Minuten leicht köcheln lassen.

5 Austernpilze und Hühnchenfleisch in 3 cm große Stücke schneiden. Beides in einer Pfanne kurz in Öl anbraten und weitere 10 Minuten in der Suppe kochen. Palmzucker hinzugeben und die Gewürzbeutel entnehmen.

6 Korianderblätter in ein Schälchen geben. Suppe in die vorgewärmten Teller geben und mit dem Koriander servieren.

Austernpilze – oder botanisch korrekt Austernseitlinge – können Sie rund ums Jahr kaufen. Laut TCM haben sie eine Tendenz zur Wärme. Die anderen beiden Kulturpilze – Champignons und Shiitake-Pilze – gelten als kühlend bzw. als thermisch neutral.

Wärmende Lebensmittel: Viele der hier nicht aufgelisteten Lebensmittel gelten nach der Traditionellen Chinesischen Medizin (TCM) als neutral oder kühlend. Daher eignen sie sich zum Einheizen von innen nur in Kombination mit wärmenden Zubereitungsarten.

Fleisch: Fasan, Hirsch, Huhn, Lamm, Reh, Rind/Kalb, Schweineleber, Truthahn/Pute. Wildschwein, Ziege

Milch, Käse: Schafsmilch/Schafskäse, Ziegenmilch/Ziegenkäse

Fisch & Meerestiere: Garnele, Nordseekrabbe, Languste, Sardelle

Gemüse und Salat: Austernpilz, Fenchel, Frühlingszwiebel, Knoblauch, (Moschus)Kürbis, Lauch, Paprika, Zwiebel

Obst: Aprikose, Granatapfel, Kirsche, Litschi, Pfirsich, Zitrusfrüchte (Schale)

Getreide und Reis: Dinkel / Dinkelnudeln, Langkornreis, Rispenhirse, Sorghum (Mohrenhirse), Weizenmehl

Nüsse, Kerne, Essig, Öl: Essig, Kastanien, Maronen, Pinienkerne, Rapsöl, Sojaöl, Walnüsse, Walnussöl

Wärmende Gewürze und Kräuter: Anis/Sternanis, Basilikum, Bockshornklee, Bohnenkraut, Cayennepfeffer, Chilischoten, Curryblätter, Dill, Fenchel, Galgant, Gewürznelke (= Blütenknospen), Ingwer, Kardamom, Koriander, Kreuzkümmel, Kümmel, Lorbeer, Meerrettich, Muskatnuss/Muskatblüte (Macis), Oregano, Paprikapulver, Petersilie, Pfeffer, Piment, Rosmarin, Senf, Thymian, Wacholderbeeren, Wasabi, Zimt

Feuriges Chili con Carne

mit Kürbis und roten Paprika

Fröstelnden Gästen können Sie das feurige Chili in kleinen Kürbissen servieren.

Für 4 Portionen

800 g Moschus- oder Hokkaidokürbis
4 EL Öl
1 große rote Zwiebel
400 g Hackfleisch (Lammhack oder halb Rinder- und halb Schweinehack)
4 rote Paprikaschoten
2 Knoblauchzehen
2 rote Chilischoten
1 kleine Dose Kidneybohnen (425 ml)
½ l Gemüsebrühe
1 TL gemahlener Kreuzkümmel
etwas Thymian und Oregano
Salz und schwarzer Pfeffer aus der Mühle
1 Bund Korianderkraut

1 Den Kürbis, falls nötig schälen, entkernen und das Fruchtfleisch in etwa 2 cm große Würfel schneiden. In einer Pfanne mit etwas Öl 3 Minuten anbraten und zur Seite stellen.

2 Eine der Chilischoten entkernen (mit Schale verwenden), die andere Chili komplett verwenden. Beide in dünne Ringe schneiden. Zwiebel und Knoblauchzehen schälen und klein hacken. Paprika waschen, entkernen und klein schneiden.

3 In einem großen Topf Öl erhitzen, Zwiebeln darin anbraten. Hackfleisch hinzugeben, 5 Minuten mitbraten.

4 Knoblauch, Gewürze und Gemüsebrühe hinzugeben und 30 Minuten zugedeckt köcheln lassen. Wenn die Flüssigkeit zu sehr einkochen sollte, noch etwas mehr Gemüsebrühe hinzugeben.

5 Kürbis und Kidneybohnen weitere 5 Minuten mitköcheln lassen. Nicht zu oft umrühren, damit die Kürbiswürfel nicht zerfallen.

6 Chili in vorgewärmten Tellern anrichten und je nach Geschmack mit Korianderblättern dekorieren. Dazu passen in der Pfanne geröstete Knoblauchbrote.

TIPP

Um darin das Chili zu servieren, die Kürbisse waschen, oben einen Deckel abschneiden und aushöhlen. Kürbisse im Ofen bei 100 Grad erwärmen, damit die Suppe nicht so schnell abkühlt.

Hackfleisch: Wer viel friert, sollte für dieses Gericht Lammhackfleisch nehmen. Der Grund: Lammfleisch wirkt wärmend, während in der Halb-und-halb-Mischung wärmendes Rinderhack und kühlendes Schweinefleisch enthalten ist. Da es aber stark zerkleinert ist, gilt diese Zubereitungsart als leicht wärmend. Mit Lamm- oder Rindfleisch, das an sich schon wärmend ist, könnten Sie den Effekt aber noch steigern. Reines Rinderhack eignet sich nicht so gut, da es wenig Fett enthält und beim Anbraten krümelig wird. Als Hackepeter bzw. Thüringer Mett bezeichnet man gewürztes Schweinehackfleisch – für Frostbeulen also keine so tolle Alternative!

Kürbis als Zutat zum Chili con Carne ist eher ungewöhnlich, schmeckt aber wunderbar dazu. Der „wahre" Grund dafür ist, dass der Moschuskürbis in der TCM als wärmend gilt und der Eintopf somit noch mehr einheizt. Da das Schälen aber etwas mühselig ist, können Sie auch auf den Hokkaidokürbis ausweichen. Erstaunlich: Der Flaschenkürbis gilt als thermisch neutral, der Wachskürbis sogar als kühlend.

Rezept von Peppi Kalteis

Gegrillte Thunfischsteaks

mit Wasabi-Kruste

Das Grillen führt dem Gericht zusätzliche Hitze zu.

Für 4 Personen

4 EL Erdnussöl
4 Thunfischsteaks (Bonito) à 200 g
1 Rosmarinzweig
1 Stängel Zitronengras
Meersalz und Pfeffer aus der Mühle
100 g Wasabi-Erdnüsse
4 EL Hummus (Kichererbsenpaste)

1 Den Grill des Backofens anstellen.

2 Zitronengras in Scheiben schneiden.

3 In einer großen Pfanne 3 EL Öl erhitzen, Thunfischsteaks kurz auf beiden Seiten anbraten, Rosmarin und Zitronengras hinzugeben. Mit Meersalz und Pfeffer würzen.

4 Wasabi-Nüsse im Mörser zerstoßen, mit Hummuspaste vermischen und auf die Oberseite des Thunfischs streichen.

5 Auflaufform oder Backblech mit dem restlichen Öl bestreichen. Thunfisch darauflegen und 1 bis 3 Minuten unter dem Grill gratinieren.

Wasabi wird auch japanischer oder grüner Meerrettich genannt, obwohl die beiden Pflanzen botanisch nicht verwandt sind. Seine Schärfe kommt von den leicht flüchtigen Senfölen, die für wenige Sekunden in der Nase brennen und nicht – wie beim Chili – auf der Zunge.
Sie erhalten Wasabi in Asia-Läden als Paste oder als Pulver, das Sie mit ein paar Tropfen Wasser anrühren. Bei uns ist die Wasabipaste vor allem als Zutat zum Sushi bekannt.

Thunfisch: Der große oder rote Thunfisch lebt im Ostatlantik, im Mittelmeer und im Pazifik und kann bis zu 3 Meter lang und 200 Kilogramm schwer werden. Für Thunfischsteaks eignen sich die kleineren Exemplare mit einer Länge von bis zu 70 Zentimetern, das dunkelrote bis braunrote Fleisch zerfällt beim Braten nicht so sehr wie das Fleisch anderer Fische.

Jambalaya mit Shrimps

und Huhn nach Cajun-Art

Zu viel Schärfe reizt die Schleimhäute und kann zu Durchfall führen. Kochen Sie die Gerichte deshalb nicht allzu scharf. Sie können dann immer noch bei Tisch nachwürzen.

Für 6 Personen

500 g frische geschälte Garnelen
5 EL Öl
800 g Hähnchenbrustfilet
800 ml Hühnerbrühe (s. S. 142)
300 g Knoblauchwurst (türkisch: Sucuk)
1 rote Chilischote
2 Zwiebeln
2 rote Paprikaschoten
2 Knoblauchzehen
2 TL Cajun-Gewürz (siehe rechts)
1 Bund glatte Petersilie
4 Kaffeetassen Langkornreis

1 Die schwarzen Därme der Garnelen entfernen. Garnelenfleisch beiseite legen.

2 Hähnchenfleisch in zwei Zentimeter große Stücke schneiden. In einem großen Topf Öl erhitzen, Fleisch darin scharf anbraten, herausnehmen und beiseite stellen.

3 Knoblauchwurst in Scheiben schneiden, in den Topf geben und leicht anbraten. Die Wurst herausnehmen und beiseite stellen.

4 Austernpilze und Hühnchenfleisch in 3 cm große Stücke schneiden. Beides in einer Pfanne kurz in Öl anbraten und weitere 10 Minuten in der Suppe kochen.

5 Hähnchen, Wurst und Gewürze hinzugeben, mit der Hühnerbrühe aufgießen und 10 Minuten köcheln lassen.

6 Den Reis hinzugeben und im geschlossenen Topf 15 weitere Minuten köcheln lassen, ohne zu rühren.

7 Garnelen hinzugeben und 5 Minuten köcheln lassen. Falls die Flüssigkeit zu sehr einkocht, noch etwas Brühe hinzugeben.

8 Petersilie waschen, trocken tupfen, Blättchen abzupfen und grob hacken.

9 Mit Petersilie auf vorgewärmten Tellern anrichten. Dazu passt geröstetes Weißbrot.

Reis: Die chinesische Ernährungslehre spricht dem Langkornreis eine Tendenz zur Wärme zu, während der Klebreis wärmend und der Rundkornreis thermisch neutral sind.

Jambalaya ist ein typisches Gericht der Cajun-Küche, die aus Louisiana in den USA stammt. Die Südstaatler verwenden dafür eine mit Knoblauch, Salz und schwarzem Pfeffer pikant gewürzte Schweinswurst, die traditionell bis zu 14 Stunden über einer Feuerstelle aus Pecan-Holz und Zuckerrohr geräuchert wird. Der Eintopf heizt wunderbar von innen ein, weil er fast ausschließlich wärmende Zutaten enthält, die obendrein auch noch lange gekocht werden.

Cajun-Gewürz

- ½ TL Cayenne-Pfeffer
- ½ TL schwarzer Pfeffer aus der Mühle
- ½ TL weißer gemahlener Pfeffer
- ½ TL Zwiebelpulver
- ½ TL Knoblauchpulver
- ½ TL getrockneter Thymian
- ½ TL Oregano
- 1 EL Paprikapulver
- 1 TL Salz

Gewürzzutaten in einer Schale mischen. Größere Mengen auf Vorrat in einem geschlossenen Schraubglas aufbewahren.

Penne all' arrabbiata

(Nudeln auf die zornige Art)

Nudeln aus Dinkelmehl erhalten Sie in Bio-Läden.

Für 4 Portionen

800 g Tomaten
1 rote Zwiebel
2 Knoblauchzehen
2 kleine rote Chilischoten
4 EL Olivenöl
¼ l Rotwein
1 TL Oregano
½ TL Thymian
½ TL mildes Paprikapulver
Salz und frisch gemahlener Pfeffer aus der Mühle
1 Prise Zucker
400 g Dinkel-Spaghetti oder -Maccheroni (hell oder bronze)
80 g Pecorino
8 Blätter Basilikum

1 Zum Häuten der Tomaten den Stilansatz herausschneiden und die Früchte über Kreuz einritzen. 1 l Wasser aufkochen und die Tomaten etwa 20 Sekunden in den Topf geben. Mit einer Schaumkelle herausheben und mit kaltem Wasser abschrecken. Die Haut mit dem Messer abziehen. Tomaten entkernen und das Fruchtfleisch klein schneiden.

2 Zwiebel schälen und fein hacken. Knoblauchzehen schälen und pressen.

3 Eine Chilischote entkernen, die andere komplett verwenden, damit die Sauce richtig scharf wird. Schote in dünne Ringe schneiden oder fein hacken.

4 In einer Pfanne Öl erhitzen, Zwiebelwürfel auf kleiner Hitze unter Rühren 3 Minuten andünsten. Mit Rotwein ablöschen. Knoblauch, Chili, Tomaten und einen halben Liter heißes Wasser hinzugeben. Mit Gewürzen und Zucker abschmecken.

5 Sauce 1 Stunde auf kleinster Flamme einkochen lassen. Wenn sie zu sehr eindickt, noch etwas Wasser hinzugeben.

6 In einem großen Topf Salzwasser zum Kochen bringen. Spaghetti oder Maccheroni darin vorgaren – etwa Dreiviertel der Zeit, die auf der Packung angegeben ist.

7 Penne abgießen, abtropfen lassen und unter die Sauce mischen. Auf kleiner Flamme weiter köcheln lassen, bis die Nudeln al dente sind. Vor dem Servieren abschmecken.

8 Penne in tiefen Tellern mit der Sauce anrichten, Käse darüber reiben und mit Basilikumblättern garnieren.

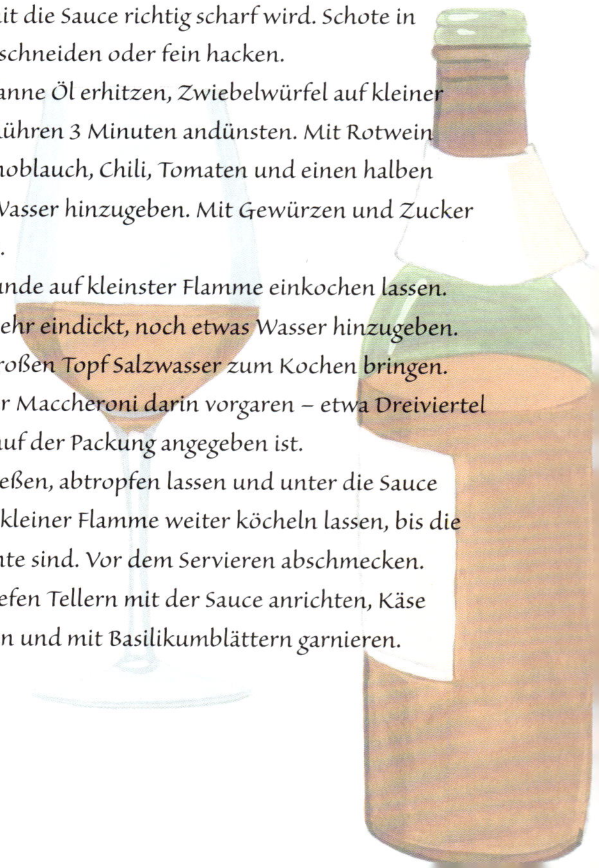

Italienische Kräuter: Dazu gehören Oregano und Thymian (warm) und Basilikum (etwas warm). Oregano ist bei uns meist nur getrocknet erhältlich, während Gärtner und Gemüsehändler auch frischen Thymian und Basilikum im Topf anbieten.

Käse zum Reiben: Die meisten italienischen Nudelrezepte schlagen geriebenen Parmesan zum Abrunden des Geschmacks vor. Der Hartkäse wird aus Kuhmilch hergestellt, die in der chinesischen Ernährungslehre als neutral mit einer Tendenz Kühle beschrieben wird. Schafs- und Ziegenmilch hingegen gelten als warm, daher empfehlen wir in diesem Rezept geriebenen Pecorino aus Schafsmilch. Nudeln s. S. 89.

Scharfe Saucen

Harissa passt zu gegrilltem Fleisch, würzt Suppen und Eintöpfe und eignet sich auch als Marinade für Hühnchen und Lamm.

Harissa

12 getrocknete rote Chilischoten
1 EL Korianderkörner
2 TL Kreuzkümmelsamen
2 Knoblauchzehen
½ TL Salz
5 EL Olivenöl

Harissa:

1 8 Chilis aufschneiden und entkernen. Zusammen mit den 4 ganzen Chilis in grobe Stücke schneiden, in eine Schüssel geben, mit warmem Wasser übergießen und 30 Minuten einweichen lassen.

2 Eine Pfanne ohne Fett erhitzen und darin Koriander und Kreuzkümmel anrösten. In einem Mörser fein mahlen.

3 Knoblauch schälen und mit dem Salz im Mörser zerdrücken.

4 Chilis in einem Sieb gut abtropfen lassen, mit dem Knoblauch-Salz zurück in die Schüssel geben und mit einer Gabel zu einer dicken Paste zerdrücken. Gemahlene Gewürze unterrühren. Nach und nach das Öl hinzugeben, bis eine dicke Paste entstanden ist.

TIPP

Diese nordafrikanische Gewürzpaste ist höllisch scharf. Wer sie etwas milder mag, nimmt 4 bis 6 entkernte Chilischoten. 2 gegrillte rote Paprikaschoten (aus dem Glas) pürieren und unterrühren.

Ajvar schmeckt als Brotaufstrich und passt zu gegrilltem Schafskäse, Lammkoteletts und pikant gewürzten Hackfleischröllchen (Cevapcici). Eignet sich auch als Marinade für Hähnchenbrustfilets und als Pizza-Sauce (s. S. 99).

Ajvar:
4 rote/bunte Paprika
1 Zwiebel
Pfeffer, Salz
2 Zehen Knoblauch
4 EL Olivenöl
1EL Essig
Paprikapulver, edelsüß

Ajvar:

1 Paprikaschoten halbieren, entkernen und mit der Haut nach oben grillen, bis sie schwarze Blasen schlägt und das Fruchtfleisch weich ist.

2 Backblech aus dem Ofen nehmen und die heißen Schoten mit einem feuchten Küchenkrepp abdecken. Nach 5 Minuten lässt sich die Haut mit einem spitzen Messer gut abziehen.

3 Fruchtfleisch würfeln, in einer Küchenmaschine mit gepresstem Knoblauch, fein gehackter Zwiebel, Pfeffer, Salz, Zucker und Paprikapulver mixen. Unter ständigem Rühren etwas Essig und Olivenöl hinzugeben, bis eine dicke Paste entsteht. Chiliflocken oder Chilipulver hinzugeben, damit die Paste richtig schön scharf wird.

TIPP

Ajvar ist eine serbische Paprikapaste, die im Herbst als Vorrat für den Winter zubereitet wird. Traditionelle Rezepte empfehlen, die roten Paprikaschoten auf einem Holzkohlegrill zu rösten. Das funktioniert aber auch im Backofen unter dem Grill. Küchenfertiges Ajvar aus dem Glas enthält außer den grillten Paprikaschoten meist auch Auberginen, die in der TCM als kühlend gelten. Hinzu kommt, dass die Zutaten mit Branntweinessig haltbar gemacht werden, was den typischen Ajvar-Geschmack etwas verfälscht.

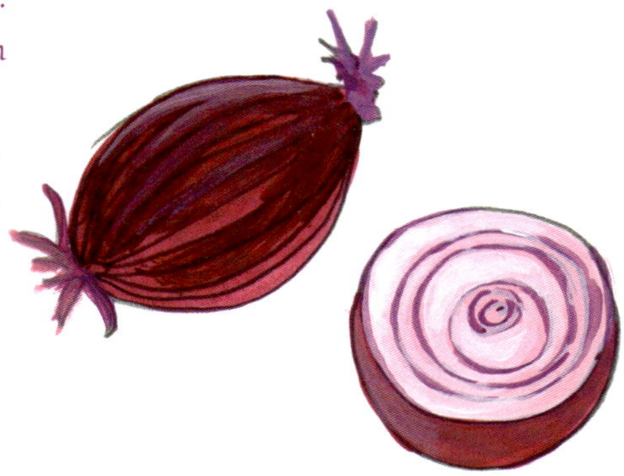

Passt zu Kartoffelgerichten, Tafelspitz (s. S. 115), Thunfischsteaks und gekochter Kalbszunge.

Meerrettich-Sauce:

½ Stange geriebener Meerrettich (oder 100 ml Meerrettich aus dem Glas)
80 g Butter
2 EL Mehl
¼ l Rinderbrühe (s. S. 143)
frisch gemahlener Pfeffer aus der Mühle
Salz
1 Prise Zucker
½ Becher Sahne

Meerrettich-Sauce:

1 Meerrettich mit einer Reibe fein raspeln oder in kleine Stücke schneiden und in der Küchenmaschine fein hacken.
2 Butter in einem kleinen Topf erhitzen, aber nicht braun werden lassen. Mehl darüber stäuben und mit einem Schneebesen einrühren. Mit Rinderbrühe ablöschen und unter ständigem Rühren eine Mehlschwitze herstellen. Es dürfen keine Klümpchen entstehen.
3 Die leicht sämige Masse mit Meerrettich, Pfeffer, Salz und Zucker abschmecken. Sahne hinzugeben und nicht mehr aufkochen lassen. Falls es zu scharf wird, mit etwas mehr Sahne verfeinern.

Meerrettich: Der in Österreich als Kren bezeichnete Meerrettich ist eine bis zu 1,20 Meter hohe Staude, deren intensiv riechende und scharf schmeckende Wurzel 30 bis 40 Zentimeter lang werden kann. Beim Reiben treten die flüchtigen Senföle aus und reizen die Nase und die Augen so sehr, dass die Tränen kullern. In der TCM gilt Meerrettich nicht nur als warm wie viele andere Gewürze, sondern sogar als heiß. Wenn Sie die trockene Wurzel abbürsten und in eine Papiertüte einwickeln, können Sie sie einige Wochen im Gemüsefach aufbewahren.

Aïoli passt gut zu hart gekochten Eiern, Kartoffelgerichten, Thunfischsteaks und gegrillten Garnelen.

Aïoli:

3 Knoblauchzehen
2 TL Senf
2 Eigelbe
1 EL Essig
¼ l Rapsöl
1 Prise Zucker
½ TL Salz

Aïoli:

1 Knoblauch schälen und in einem Mörser zerquetschen.
2 In eine hohe Rührschüssel Knoblauch und Eigelbe geben und mit einem Mixer zügig verrühren. Essig und Senf hinzugeben. Öl in mehreren Portionen hinzugeben, bis eine dicke Paste entsteht. Mit Zucker und Salz abschmecken.

Knoblauch bewegt laut chinesischer Ernährungslehre die Lebensenergie Qi und wärmt die „Mitte“. Die Knolle hat etwa 12 feste, weiße Nebenzwiebeln, die umgangssprachlich „Zehen“ genannt werden. Wenn Sie vor dem Schneiden die Hände und das Holzbrett befeuchten, verliert sich der Geruch schneller. Angebraten oder gekocht ist der Knoblauch nicht mehr ganz so scharf.

Senf: Besonders scharfer Senf enthält vor allem braune Senfkörner, mildere Sorten werden aus weißen bzw. gelben Senfkörnern hergestellt. Die Samen schmecken übrigens erst dann scharf, wenn sie zerstoßen und mit Wasser vermischt werden. Dabei wird ein Enzym aktiviert, das sich mit den anderen Inhaltsstoffen zum scharf schmeckenden Senföl verbindet.

Saucen und Pasten mit Chili

Tabasco stammt ursprünglich aus Louisiana, das Wort kommt aus der indianischen Sprache und bedeutet „Land, in dem der Boden heiß und feucht ist". Die Sauce besteht aus zerstampften scharfen Tabasco-Chilis, die mit Salz vermischt drei Jahre in Eichenfässern gären. Die grüne Tabasco-Sauce schmeckt milder als die rote.

Chili-Saucen sind in der asiatischen Küche sehr beliebt. Salzige Sorten ersetzen dort das Würzen mit Speisesalz. Es gibt aber auch Saucen mit einem hohen Anteil an Ingwer und süß-scharfe Mischungen.

Sambals stammen ursprünglich aus der indonesischen Küche. Die Chilischoten werden mit einem Stößel (indonesisch: ulek) im Mörser zerkleinert – daher die bei uns bekannte Bezeichnung Sambal Oelek, die auf die niederländischen Seefahrer zurückgeht. Sambals gibt es aus zerkleinerten frischen Chilischoten, die mit Salz gemischt werden, und mit weiteren Zutaten in Öl angebratene Chilis.

Harissa ist eine Chili-Paste aus Nordafrika, die mit Öl, Knoblauch, Kreuzkümmel, Koriander und Salz angerührt wird (s. S. 32).

Mit Ingwer

Kokos-Ingwer-Suppe mit Curry

Karotten-Ingwer-Suppe

Süßer Ingwersirup

Kartoffel-Ingwer-Püree mit Kürbis

Gröstl von Schweineleber mit Apfel und Ingwer
Rezept von Peppi Kalteis

Ingwerlamm in Rosmarin-Rotwein-Sud

Mariniertes Fasanenbrüstchen mit
Ingwer-Schmorgemüse

INGWER

Kokos-Ingwer-Suppe mit Curry

Variante: In einer Pfanne etwas Öl erhitzen, Garnelen oder klein geschnittenes Hühner- oder Putenfleisch darin anbraten und zur Suppe geben.

Für 4 Portionen

2 Zwiebeln
1 Knoblauchzehe
1 großes Stück Ingwer
je 1 gelbe und rote Paprikaschote
2 Lauchzwiebeln
2 EL Öl
250 ml Gemüsebrühe (s. S. 143)
1 Dose Kokosmilch (425 ml)
1 EL mildes Currypulver
1 TL scharfes Currypulver
Salz und Pfeffer aus der Mühle
2 Karotten
frisches Koriandergrün zum Garnieren

1 Zwiebeln, Knoblauch und Ingwer schälen und fein hacken. Paprikaschoten und Lauchzwiebeln waschen und putzen. Paprika würfeln, von den Lauchzwiebeln nur den weißen Teile verwenden und diese in Ringe schneiden.

2 In einem Topf Öl erhitzen, Zwiebeln und Lauchzwiebeln goldbraun anbraten. Knoblauch, Ingwer und Paprika hinzugeben und ca. 5 Minuten mitschmoren lassen. Mit der heißen Brühe ablöschen, die Kokosmilch angießen und würzen.

3 Karotten schälen, in Scheiben schneiden, zur Suppe geben und 10 Minuten mitkochen lassen. Wenn die Suppe zu dick werden sollte, mit etwas mehr Brühe verdünnen.

4 Nochmals mit Salz und Pfeffer abschmecken. Suppe mit Koriandergrün servieren.

Dazu passen Reis und frittierte Wan Tans mit einer Füllung aus Ingwer, Koriander und Hühnerfleisch oder Garnelen.

Galgant: Die thailändische Küche empfiehlt zu vielen Gerichten Ingwer, oftmals aber auch Galgant. Dessen Wurzelstock schmeckt wie eine Mischung aus Ingwer und Zimt. Wer in Ingwergerichten Galgant verwenden möchte, sollte die doppelte Menge nehmen, da er ein milderes Aroma als Ingwer hat.

Karotten-Ingwer-Suppe

Idealerweise benutzen Sie keine Instantbrühe, sondern eine selbst gekochte Gemüsebrühe.

Für 4 Portionen
1 großes Stück Ingwer
1 Zwiebel
750 g Karotten
2 EL Sonnenblumenöl
1 EL Zucker
1 l Gemüsebrühe (s. S. 143)
1 Dose Kokosmilch (425 ml)
Salz und Pfeffer aus der Mühle
1 EL Weinbrand
etwas Currypulver zum Bestäuben
Petersilienblätter zum Dekorieren

1 Ingwer, Zwiebel und Karotten schälen und in Scheiben schneiden.
2 In einem großen Topf Öl erhitzen, Zwiebel und Ingwer darin andünsten. Karottenscheiben kurz mitdünsten, die Hälfte herausnehmen und zugedeckt in einer Schüssel beiseite stellen.
3 Zucker über das Gemüse in der Pfanne streuen und leicht karamellisieren lassen. Mit der Gemüsebrühe ablöschen, Kokosmilch hinzugeben, bei mittlerer Hitze 20 Minuten köcheln lassen und anschließend pürieren.
4 Die ganzen Karottenscheiben zur Suppe geben, kurz erwärmen, würzen und den Weinbrand hinzugeben.
5 Zum Servieren die Suppe mit Currypulver bestäuben und mit Petersilienblättern dekorieren. Dazu passen gegrillte Garnelenspieße und pikantes Safranbrot.

Karotten heißen im Chinesischen „aus dem Westen stammender Rettich" oder „Barbarenrettich". Roh haben sie eine Tendenz zur Kühle, gegart gelten sie als thermisch neutral. Da Sie für dieses Rezept wärmende Zutaten wie Ingwer, Zwiebeln, Weinbrand, Currypulver und Petersilie verwenden und die Suppe lange kochen lassen, heizt sie von innen gut ein.

Ingwer lässt sich in der Küche vielfältig einsetzen:

- Frische Ingwerscheiben können Sie in den Speisen mitkochen lassen und vor dem Verzehr entfernen.
- Mit heißem Wasser übergossen, ergeben die geschälten und in Scheiben geschnittenen Knollen einen wärmenden Ingwertee (s. S. 134).
- Fein gehackter Ingwer schmeckt sowohl in herzhaften, als auch zu süßen Speisen, z.B. zu Fleisch, Fisch, Salaten, Kompott oder Desserts.
- Geriebener Ingwer kann mit anderen Zutaten zu einer Paste verrührt werden.
- In Essig eingelegter Ingwer wird in Japan zum Sushi serviert.
- Kandiert wird Ingwer zu einem eigenen, sehr süßen Nachwerk, kann aber auch in Gebäck und Süßspeisen weiterverarbeitet werden.
- Auch Ingwerpulver wird für Süßspeisen und zum Backen empfohlen.
- Gingerale, Ingwerwein und Ingwerbier schmecken erfrischend und haben ihre ganz speziellen Liebhaber.

Ingwer: Die tropische Ingwerpflanze ist ein schilfartiges Gewächs mit aparten gelb-roten Blüten. In der Küche interessiert der Wurzelstock, der botanisch eigentlich ein Rhizom ist – also ein unterirdisches Stück zwischen den Wurzeln und den Blättern. Ingwer fördert die Verdauung und hilft bei Husten. Studien belegen, dass die Extrakte das Immunsystem anregen. Und ganz wichtig: Ingwer wärmt, seine Energie steigt nach oben. Diese verteilt sich im ganzen Körper, wenn Sie sehr ausgekühlt sind. Da Ingwer den Kreislauf anregt, sollten Menschen mit Bluthochdruck nicht zu viel davon zu sich nehmen.

Kaufen Sie nur pralle, schwere Ingwerstücke mit einer silbrig schimmernden Schale. Ingwer hat ein erfrischend scharfes Aroma. Runzelige, weiche und sehr leichte Rhizome sind schon älter und schmecken nicht mehr so intensiv. Frischer Ingwer hält sich – im Gefrierbeutel verpackt – im Gemüsefach des Kühlschranks zwei bis drei Wochen.

Süßer Ingwersirup

250 g frischer Ingwer, 100 ml Wasser
250 g extrafeiner Kristallzucker, ½ TL Zimt

1 Ingwer schälen, in Scheiben schneiden und mit dem Wasser in ein hohes Gefäß geben. Mit dem Pürierstab zu Brei verarbeiten.
2 Die Mischung in ein sauberes, fusselfreies Küchenhandtuch geben, Flüssigkeit in einen Messbecher ausdrücken und die Menge überprüfen.
3 Ingwersaft in einen Topf geben und mit derselben Menge Zucker mindestens 15 Minuten köcheln lassen, bis sich der Zucker komplett aufgelöst hat. Gewürze hinzugeben und weitere 5 Minuten köcheln.

TIPP

Größere Mengen sollten in einer fest verschlossenen Flasche kühl gelagert werden. Nach einigen Tagen setzen sich Schwebstoffe ab, deshalb vor Gebrauch schütteln. Ingwersirup passt zu Süßspeisen und Pfannkuchen (s. S. 104).

Kartoffel- Ingwer-Püree mit Kürbis

1 Kürbisspalten entkernen, Moschuskürbis schälen, Hokkaido waschen und komplett verwenden. Fruchtfleisch in große Stücke schneiden. Ingwer und Zwiebeln schälen und klein hacken. Kartoffeln schälen und vierteln.

2 In einem Topf das Öl erhitzen, Zwiebeln anbraten und mit Brühe ablöschen. Kürbis, Kartoffeln, Ingwer und Salz hinzugeben. Eventuell noch ein wenig heißes Wasser hinzugeben, damit alles bedeckt ist. Gemüse 15 Minuten kochen.

3 Kochwasser beim Abgießen in einem Gefäß auffangen. Gemüse im Topf zu einem Brei stampfen. Bei Bedarf wieder etwas Kochwasser hinzufügen.

4 Käse reiben, Schnittlauch waschen und in kleine Röllchen schneiden. Käse, Butter, Sahne und 2/3 des Schnittlauchs unterrühren, mit Salz und Pfeffer abschmecken.

5 Püree anrichten und mit restlichem Schnittlauch dekorieren.

Dazu passen gegrillte Würfel Feta-Schafskäse und gebratene Hühnerleber.

Für 4 Portionen

400 g Moschus- oder Hokkaidokürbis
1 großes Stück Ingwer
2 Zwiebeln
600 g mehlig kochende Kartoffeln
2 TL Sonnenblumenöl
600 ml Gemüsebrühe (s. S. 143)
Salz und Pfeffer aus der Mühle
50 g Pecorino
1 Bund Schnittlauch
1 EL Butter
3 EL Sahne

Kartoffeln kamen erst im 18. oder 19. Jahrhundert mit den Missionaren nach China. In der TCM geht man davon aus, dass die Kartoffel die „Mitte“ sowie die Lebensenergie Qi stützt und thermisch neutral ist.

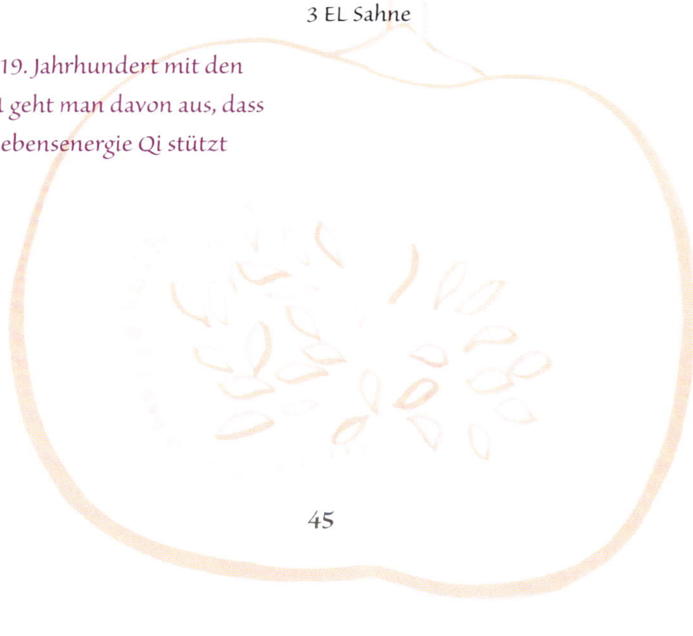

Rezept von Peppi Kalteis

Gröstl von Schweineleber

mit Apfel und Ingwer

Dazu passt Kartoffelpüree.

Für 4 Portionen
200 ml Kalbsfond
2 große gekochte Kartoffeln
1 Schalotte oder kleine Zwiebel
1 Stück Ingwer (daumengroß)
2 grüne mittelscharfe Peperoni
1 EL frischer Majoran
2 EL Erdnussöl
1 Apfel
800 g Schweineleber ohne Haut in Scheiben
Salz
1 Msp. Cayennepfeffer
2 Stängel frische Petersilie

1 Im Topf den Kalbsfond erwärmen. Zwiebel und Ingwer schälen und würfeln. Peperoni entkernen und in feine Streifen schneiden.

2 In einer beschichteten Pfanne 2 EL Erdnussöl erhitzen, Zwiebel, Ingwer und Peperoni 5 Minuten anbraten. Währenddessen Apfel schälen, entkernen und würfeln. Gekochte Kartoffeln ebenfalls würfeln. Majoran waschen, trocken schütteln und fein hacken.

Apfel, Kartoffeln und Kräuter mit in die Pfanne geben und gut durchschwenken. Leber gründlich waschen, von den Sehnen befreien und in Streifen schneiden.

3 In einer zweiten beschichteten Pfanne das restliche Öl erhitzen und die Leberstreifen unter Schwenken scharf anbraten. Mit Salz und Cayennepfeffer leicht würzen.

4 Gemüse hinzugeben, den warmen Kalbsfond darübergießen und kurz einkochen lassen. Petersilie waschen, trocken schütteln, die Blätter abzupfen und hacken.

5 Das Schweinelebergröstl mit Petersilie bestreuen und servieren.

Schweinefleisch ist nicht sehr hilfreich, wenn Sie viel frieren, denn es gilt als thermisch neutral mit einer Tendenz zur Kälte. Dasselbe gilt für die Lunge und die Niere des Schweins, das Herz gilt als neutral, während die Leber wärmende Eigenschaften hat. Die scharf angebratenen Leberstreifen und die anderen wärmenden Zutaten wie Ingwer, Zwiebel, Peperoni, Majoran, Cayennepfeffer und Petersilie ergeben ein Wintergericht, das Sie garantiert in Wallung bringt.

Gewürzpulver mit Chili: Aus den ganzen Chilis wird der sehr scharfe Cayenne-Pfeffer gewonnen. Berbere aus Äthiopien enthält außer Cayenne-Pfeffer bis zu zehn weitere wärmende Gewürze.

Ingwerlamm in Rosmarin-Rotwein-Sud

Lamm- und Ziegenfleisch sind eine gute Wahl für Menschen, die viel frieren.

Für 4 Portionen

1 kg vom Metzger ausgelöste Lammkeule
1 großes Stück Ingwer
2 Knoblauchzehen
2 Zwiebeln
2 TL getrockneter Rosmarin
½ TL Salz
4 EL Olivenöl
1 großer Gefrierbeutel mit Verschluss
250 ml Rotwein
4 Karotten
4 Rosmarinzweige

1 Das Fleisch bereits am Vortag in die Marinade einlegen. Dafür Ingwer und Knoblauch schälen, Ingwer klein hacken, Knoblauch in Stifte schneiden. Rosmarin waschen. Lammfleisch mit den Knoblauchstiften spicken. Ingwer, Zwiebeln, getrockneten Rosmarin, Salz und 2 EL Öl in einem Gefrierbeutel mischen, das Lamm hineingeben und die Marinade in das Fleisch einmassieren. Den Beutel fest verschließen und das Ganze über Nacht ziehen lassen.

2 Für den Lammbraten 2 EL Öl in einer großen Pfanne erhitzen und das Fleisch darin von allen Seiten scharf anbraten. Mit Rotwein ablöschen und 500 ml warmes Wasser hinzugeben. Karotten putzen, in Stücke schneiden und mit den frischen Rosmarinzweigen zum Bratensud geben. Das Ganze 40 Minuten zugedeckt schmoren lassen und dabei mehrmals wenden. Danach die Herdplatte ausschalten und das Fleisch weitere 10 Minuten ziehen lassen.

3 Ingwerlamm in 1 cm dicke Scheiben schneiden und mit Bratensud, Karotten und Rosmarinzweigen servieren. Dazu passen Kartoffelgratin (s. S. 70) und Fenchelgemüse.

Lammfleisch essen Christen traditionell zu Ostern, da es als Symbol für die Auferstehung Christi gilt. Es ist aber auch in der türkischen und indischen Küche sehr beliebt. In China kommt Lamm vor allem im Norden auf den Tisch, da dort viele Moslems leben. In der chinesischen Ernährungslehre gilt Lammfleisch – ebenso wie Ziegenfleisch – als warm bis heiß.

Rezept von Peppi Kalteis

Mariniertes Fasanenbrüstchen

mit Ingwer-Schmorgemüse

1 Fasanenbrüste mindestens 2 Stunden lang marinieren. Dazu das Fleisch ungewürzt in eine Schüssel geben, Gemüse putzen, schälen, waschen und in gleich große Würfel schneiden. Gemüsewürfel und Gewürze über den Brüstchen verteilen und mit dem Portwein und Rotwein aufgießen, sodass alles bedeckt ist. Mit Folie abdecken und ziehen lassen.

2 Marinade der Fasanenbrüstchen durch ein Sieb abgießen, dabei das Gemüse und die Flüssigkeit auffangen und zur späteren Verwendung beiseite stellen. Das Fleisch mit Salz und Pfeffer würzen.

3 In einem mittelgroßen Topf das Öl erhitzen, Brüstchen kurz und mit wenig Farbe anbraten, herausnehmen und abgedeckt beiseite stellen, damit sie warm bleiben.

4 Sofort das abgegossene Gemüse mit den Gewürzen hinzugeben, mit Salz und Pfeffer leicht würzen und 5 Minuten scharf anbraten. Das Mehl darüberstäuben und kurz mitbraten lassen. Das Ganze mit 1/3 des Weins ablöschen und die Flüssigkeit langsam einkochen lassen. Diesen Schritt zweimal wiederholen und zum Schluss den Kalbsfond aufgießen. Die Sauce mit dem Schmorgemüse noch einmal kurz aufkochen und mit Salz und Pfeffer abschmecken.

5 Das Fleisch 5 bis 8 Minuten in das leicht kochende Ragout einlegen, sie sollten noch schön saftig sein. Brüstchen mit dem Ingwer-Schmorgemüse servieren.

Zu den Fasanenbrüstchen passt Kartoffelpüree.

Für 8 Portionen

4 Fasanenbrüstchen à ca. 150 g
4 kleinere Karotten
2 weiße Zwiebeln
1 Bund Frühlingszwiebeln
1 Stück Ingwer (walnussgroß)
1 Lorbeerblatt
1 TL Wacholderbeeren
1 TL schwarzer Pfeffer
2 Rosmarinzweige
200 ml roter Portwein
200 ml trockener Rotwein
Salz und Pfeffer aus der Mühle
5 EL Erdnussöl
1 EL Mehl
150 ml Kalbsfond

Fasan gehört zum Wildgeflügel, das Fleisch ist zwischen Anfang November und Anfang Januar in Feinkostläden erhältlich. Die Tiere kommen meist gerupft und ausgenommen in den Handel. Ihr dunkelrotes Fleisch gilt nach der chinesischen Ernährungslehre als wärmend, es schmeckt aromatischer als Hühnchenfleisch.

Lorbeerblätter und Wacholderbeeren: Die ledrigen Blätter stammen vom Lorbeerbaum, der in der freien Natur bis zu 15 Meter hoch werden kann. Frische Blätter können Sie im Sommer auf dem Markt kaufen, sie schmecken bitterer als die getrockneten Blätter. Da das herb-würzige Aroma recht kräftig ist, isst man die Blätter nicht mit.
In der chinesischen Ernährungslehre gelten die Lorbeerblätter und Wacholderbeeren als wärmend. Getrocknete Wacholderbeeren verströmen einen leicht harzigen Duft, schmecken ein wenig bitter und fördern die Durchblutung. Ihr Aroma würzt auch Spirituosen wie Wacholderschnaps, Steinhäger, Gin und Genever.

Vegetarisches

Wintersalat mit gebackenem Kürbis, Linsen und Ziegenfrischkäse

Crêpe mit Roquefort

Geröstete Maistortilla mit Ajvar und gegrilltem Ziegenkäse

Warme Tapas

Knackiges Marktgemüse mit Wasabi-Erdnüssen in Chili-Honig-Wodka flambiert
Rezept von Peppi Kalteis

Gratinierte Zwiebelsuppe mit viel Knoblauch

Hirsesalat mit frischem Gemüse
Rezept von Peppi Kalteis

Kartoffelgratin mit Bockshornkleesauce

Kürbiscremesuppe mit Koriander

Lauchtorte mit Garnelen

F

Wintersalat mit gebackenem Kürbis,

Linsen und Ziegenfrischkäse

Käsesorten aus Schafs- und Ziegenmilch sind eine Wohltat für Frostbeulen.

Für 6 Portionen

275 g grüne Linsen
1 kg Hokkaidokürbis (Bio-Qualität)
4 EL Olivenöl
3 EL Butter
1 Schalotte
4 EL gehackte glatte Petersilie
Salz und Pfeffer aus der Mühle
250 g Ziegenkäse
Dressing
2–3 EL Sherryessig
1 TL Dijon-Senf
6 EL Olivenöl
1 Prise Zucker
Salz und Pfeffer aus der Mühle

1 Ofen auf 180 °C (Umluft 160 °C) oder Stufe 2 (Gas) vorheizen. Linsen unter kaltem Wasser abbrausen, In einen großen Topf geben, mit kaltem Wasser bedecken, aufkochen und 15 bis 30 Minuten kochen, bis sie weich, aber nicht zerkocht sind. In der Zwischenzeit Kürbis waschen, eventuell entkernen und Fruchtfleisch in grobe Stücke schneiden.

2 Ein Backblech mit Backpapier belegen, Kürbisstücke darauf verteilen, etwas Öl und Butterflöckchen darübergeben und im heißen Ofen 15 bis 20 Minuten backen. Währenddessen Schalotte schälen und klein schneiden. In einer Pfanne etwas Öl erhitzen und Schalotte darin glasig braten. Gekochte Linsen mit in die Pfanne geben und zusammen mit 2 EL Petersilie kurz ziehen lassen.

3 In einem hohen Gefäß alle Zutaten für das Dressing mischen. 2/3 davon in die Pfanne geben, unterrühren und kräftig würzen. Ziegenkäse in grobe Stücke schneiden.

4 Warmes Linsengemüse auf Tellern verteilen, Kürbis- und Ziegenkäsestücke anrichten, das restliche Dressing darübergeben und den Salat mit Petersilie bestreut servieren.

Heißer Tipp Kürbis lässt sich auf vielerlei Arten zubereiten. Hier ein einfaches Rezept: Kürbisspalten mit einer Marinade aus Öl, Sherryessig, Honig, Salz und Pfeffer im Ofen backen, nach 15 bis 20 Minuten sind sie gar. Warmen Kürbis mit Ziegenkäse und Thymian auf Tellern anrichten. Als Spezialität können Sie dazu Hirschschinken reichen.

Crêpe mit Roquefort

Zum würzigen Roquefort-Aroma passen Feigensenf und süß-scharfes Aprikosenmus (s. S. 104). Für Fleischliebhaber bieten sich Hackfleischbällchen an, die Sie mit Kräutern der Provence würzen.

Für 4 Portionen

Ca. 6 EL Butter
4 Eier
125 ml Milch
1 EL Mineralwasser mit Kohlensäure
1 Prise Salz
125 g Mehl (Weizen- und Dinkelmehl, Verhältnis 1:1)
400 g Roquefort

1 Den Teig 2 Stunden vor dem Backen anrühren. Dazu 4 EL Butter in einer Pfanne zerlassen, in eine Rührschüssel geben und auskühlen lassen. Währenddessen in einem hohen Gefäß Eier, Milch, Mineralwasser und Salz verquirlen. Zur Butter geben und sorgfältig mischen. Nach und nach das Mehl hinzugeben und verrühren. Den Teig durch ein feines Küchensieb streichen, damit er ganz glatt wird. Zugedeckt 2 Stunden ruhen lassen.

2 Einen Teller im Backofen vorwärmen. Für jeden Crêpe 1/2 Schöpfkelle Teig in die Pfanne geben, diese dabei am besten schräg halten, danach schwenken und die Masse dünn verlaufen lassen. Crêpes auf jeder Seite goldbraun backen und nacheinander auf dem Teller im vorgewärmten Ofen stapeln.

3 Wenn alle Crêpes fertig sind, den Teller herausnehmen und die Backofentemperatur auf 200 °C (180 °C Umluft) oder Stufe 3 (Gas) erhöhen. Crêpes mit zerkrümeltem Roquefort dünn bestreuen, aufrollen und mit der Nahtstelle nach unten in eine Auflaufform legen.

4 Die Rollen auf der 2. Schiene von unten 8 Minuten backen und warm servieren.

Roquefort: Der besonders würzige Geschmack des Roqueforts entsteht mithilfe eines Schimmelpilzes. Mit zunehmender Reife entwickelt der Schafskäse die typisch grünlichblauen Adern. Wie alle anderen Schafskäsesorten wirkt Roquefort wärmend. Beliebte Sorten sind griechischer Feta, spanischer Manchego, französischer Roquefort sowie italienischer Pecorino.

Tortillamehl: Für Tortillas können Sie kein „normales" Maismehl nehmen, denn es muss vorher speziell verarbeitet worden sein. Das beste Tortillamehl (Masa Harina) stammt angeblich vom weißen Mais, der auf den Feldern unter der glühenden Sonne Mexikos getrocknet ist. Wenn Ihnen das Zusammendrücken der Teigfladen zu mühsam ist, lohnt sich die Anschaffung einer Tortillapresse aus Aluminium, die Sie mit einem Extrabügel besonders fest schließen können.

Ziegenkäse: Je länger Ziegenkäse reift, desto intensiver wird sein Geschmack. Wenn Sie viel frieren, lohnt es sich, verschiedene Ziegenkäsesorten auszuprobieren: Sie können zwischen Frischkäse, Schimmelkäse, Weich- und Hartkäse wählen.

Geröstete Maistortilla

mit Ajvar und gegrilltem Ziegenkäse

1 Auf der Arbeitsplatte Mehl und Salz mischen, einen Berg aufhäufen und in die Mitte eine Mulde drücken. 70 ml heißes Wasser hinzugeben und mit einem Esslöffel untermischen. Nach und nach so viel Wasser hinzugeben und mit den Händen verkneten, bis ein weicher Teig entsteht, der weder krümelig noch klebrig ist. Teig mit einem Küchenhandtuch zudecken und 1 Stunde ruhen lassen.

2 Eine Pfanne ohne Öl stark erhitzen. Den Teig in 8 Portionen teilen, auf die mit Maismehl leicht bestäubte Arbeitsfläche legen und mit dem Handballen oder einem Nudelholz zu flachen Scheiben kräftig platt drücken. Tortillas nacheinander in der heißen Pfanne 1 bis 2 Minuten lang von beiden Seiten rösten. Auf ein Küchenhandtuch stapeln und eingewickelt warm halten.

3 Den Backofengrill vorheizen. Zwiebeln und Knoblauch schälen und klein hacken. Eine Pfanne ohne Öl erhitzen, Pinienkerne anbräunen und beiseite stellen. Jetzt in der Pfanne 3 EL Öl erhitzen, Zwiebeln leicht anbräunen, Knoblauch kurz anbraten, Ajvar und Pinienkerne hinzugeben, würzen und auf kleinster Flamme warm halten.

4 Ziegenkäse in Scheiben schneiden, in eine Auflaufform legen und mit etwas Olivenöl beträufeln. 3 bis 4 Minuten grillen. Warme Tortillas mit dem Belag und gegrilltem Ziegenkäse servieren.

Für Frostbeulen liegt der Reiz dieses Rezepts im Rösten der Teigfladen und der Pinienkerne sowie im Grillen des Ziegenkäses.

Für 8 Tortillas

250 g Tortilla-Maismehl (Masa Harina)
1 EL Salz
ca. 150 ml heißes Wasser

Für die Beilage
3 Schalotten
2 Knoblauchzehen
4 EL Pinienkerne
4 EL Olivenöl
4 EL scharfes Ajvar (s. S. 33)
Salz und Pfeffer aus der Mühle
250 g Ziegenkäsecamembert (Rolle)

Tipp Wenn die Tortillas auskühlen, werden sie kross und lassen sich nicht mehr rollen.

Warme Tapas mit Gemüse und Käse

Vor dem Abendessen gehen Spanier gern in eine Tapasbar: Dort können sie aus einer oft erstaunlich großen Vielzahl kleiner Köstlichkeiten auswählen, zu den Häppchen trinken sie gern ein Glas Sherry oder Wein. Hier möchten wir Ihnen einige wärmende Tapas mit Gemüse und Käse vorschlagen.

Gegrillte Paprika: Paprika halbieren, entkernen und mit der Haut nach oben unter den Backofengrill legen. Wenn sich schwarze Blasen bilden, Paprika aus dem Ofen nehmen und mit einem feuchten Küchenkrepp abdecken. Nach einigen Minuten lässt sich die Haut leicht abziehen. Paprika mit Knoblauch, Salz, Pfeffer, frischem Rosmarin und Thymian bestreuen, Öl darüberträufeln und zugedeckt einige Stunden ziehen lassen.

Karamellisierte Zwiebeln: Weiße oder rote Zwiebeln schälen, vierteln und glasig andünsten, nicht bräunen. Salz und (braunen) Zucker hinzugeben und leicht karamellisieren lassen. Die Zwiebeln können Sie auch mit Cayennepfeffer würzen oder mit Sherryessig für die weißen Zwiebeln oder Rotwein für die roten Zwiebeln ablöschen.

Gebratene Fenchelscheiben: Fenchelknolle waschen und putzen. Vom Fenchelgrün ausgehend senkrecht 5 mm dicke Scheiben schneiden, der Strunk hält sie zusammen. Fenchel in Öl von beiden Seiten anbraten, mit Salz und Pfeffer würzen und warm mit etwas Fenchelgrün servieren.

Ziegenkäse mit Karamellsauce: In einem Topf mit schwerem Boden Zucker, Rotwein, Gemüsebrühe (s. S. 143) und Aceto Balsamico karamellisieren und die Flüssigkeit eindicken lassen. Dazu Ziegenkäse und frischen Thymian reichen – wunderbar wärmend!

Rezept von Peppi Kalteis

Knackiges Marktgemüse mit Wasabi-Erdnüssen in Chili-Honig-Wodka flambiert

1 Petersilienwurzeln schälen und in 2 mm dicke Scheiben schneiden. Fenchel halbieren, Strunk herausschneiden und ebenfalls 2 mm fein schneiden. Die Enden der Bohnen kappen, Bohnen für 2 Minuten in kochendem Wasser blanchieren, abschrecken und wieder abkühlen lassen.

2 Frühlingszwiebeln waschen, jeweils das Wurzelende abschneiden und jede Stange quer in feine Scheiben schneiden. Schalotten schälen und fein würfeln. Paprika vierteln, entkernen, mit dem Sparschäler schälen und in 4mm dicke Streifen schneiden. Chilischote hacken, Ingwer schälen und fein würfeln.

3 Beschichtete Pfanne erhitzen, Öl zugeben und Gemüse mit Meersalz, Chilischote, Ingwer, Kardamom, Honig und Wasabi-Nüssen etwa 3 Minuten bei mittlerer Hitze anbraten, damit das Gemüse karamellisiert. Wenn es eine leichte Bräunung bekommen hat, ist es fertig.

4 Zum Schluss den brennenden Wodka darübergießen und das Gemüse flambieren. Gemüse auf Tellern anrichten und mit gehacktem Estragon servieren.

Wichtig: Bitte lesen Sie vorher die Tipps zum Flambieren (s. S. 60).

Für 4 Portionen

200 g Petersilienwurzeln
200 g Fenchel
200 g grüne Bohnen
200 g Frühlingszwiebeln
200 g Schalotten
200 g rote Paprikaschoten
½ kleine rote getrocknete Chilischote
1 Stück Ingwer (walnussgroß)
5 EL Olivenöl
fein gemahlenes Meersalz
1 Msp. Kardamompulver
1 EL Honig
100 g Wasabi-Erdnüsse
4 cl Chili-Honig-Wodka
1 EL frischer Estragon

Flambieren – so geht's!

Beim Flambieren aromatisieren Sie ein fertig gekochtes Gericht mit hochprozentigem brennendem Alkohol. Die lodernden Flammen fügen dem Essen zwar keine zusätzliche Hitze zu, sind jedoch schön anzusehen.

Was vorbereiten? Das Flambieren sollten Sie zunächst über dem Herd ausprobieren, bis Sie sich sicher fühlen. Keine Kochhandschuhe anziehen, Topflappen und Küchenhandtücher weit weg legen. Legen Sie für alle Fälle einen Metalldeckel bereit, der genau auf die Pfanne passt.

Welche Utensilien?

1. Pfanne mit hohem Rand und langem Stiel, am besten aus Metall
2. Schnapsglas, um den Alkohol abzumessen
3. Topf mit heißem Wasser
4. Flambierkelle aus Metall mit tiefem Schöpfer und langem Stiel
5. Langstieliges Streichholz oder Feuerzeug

Welchen Alkohol und wie viel davon?

Als „Zündstoff" für die Flammen brauchen Sie einen hochprozentigen Alkohol mit mindestens 40 Vol. %, noch besser klappt es mit einem Gehalt von 50 Vol. %. Für deftige Speisen eignen sich Whisky, Wodka, Branntwein, Gin und Cognac. Nie mehr als ein volles Schnapsglas zum Flambieren nehmen, der Alkohol könnte sonst den Geschmack der Speisen übertönen.

Schritt 1: Die Speisen fertig garen und warm halten. Herdplatte ausstellen.

Schritt 2: Alkohol mit einem Schnapsglas abmessen und im heißen Wasserbad erwärmen. Besonders hochprozentige Spirituosen müssen lediglich zimmerwarm sein.

Schritt 3: Den warmen Alkohol in die Kelle gießen und mit einem langen Streichholz anzünden.

Schritt 4: Den brennenden Alkohol über die Speisen gießen, die Kelle dabei komplett leeren. Wenn die Flammen auflodern, nichts mehr hinzugießen. Das Feuer nicht löschen, sondern komplett ausbrennen lassen. Wichtig zu wissen: Bei Tageslicht sind die Flammen nicht so gut sichtbar, deshalb genau hinschauen, ob der Alkohol tatsächlich verbrannt ist.

Heißer Tipp: Wenn das Gericht viel Flüssigkeit enthält, die Pfanne leicht schräg halten und den flammenden Alkohol auf die „trockenen“ Stellen geben.

Gratinierte Zwiebelsuppe

mit viel Knoblauch

Das Überbacken führt der Suppe noch Extra-Hitze zu.

Für 4 Portionen

10 Knoblauchzehen
Salz
400 g Zwiebeln
½ Bund Majoran
5 EL Sonnenblumenöl
1 l Gemüsebrühe (s. S. 143)
2 EL Dinkelmehl
2 EL Cognac
Pfeffer aus der Mühle
1 Msp. Cayennepfeffer
8 Scheiben Baguettebrot
40 g alter Gouda
Petersilienblättchen zum Dekorieren

1 Knoblauch schälen, 7 Zehen in Scheiben schneiden, in eine kleine Schüssel legen und mit Salz bestreuen. Nach 5 Minuten abspülen und abtropfen lassen. Zwiebeln schälen, halbieren und in Scheiben schneiden. Majoran waschen, trocken schütteln, Blättchen abzupfen.

2 In einem großen Topf Öl erhitzen, Zwiebeln darin glasig dünsten, Knoblauch und Majoran hinzugeben und andünsten. Mit der Brühe ablöschen und 15 Minuten kochen lassen. Währenddessen Backofen auf höchste Stufe vorheizen oder auf Grillen einschalten.

3 Etwas Brühe in eine kleine Schüssel geben, mit Mehl verrühren, zurück zur Suppe geben und aufkochen lassen. Auf kleiner Flamme köcheln lassen. Zum Schluss Cognac hinzugeben, mit Salz, Pfeffer und Cayennepfeffer abschmecken.

4 Die restlichen 3 Knoblauchzehen durch die Presse drücken, Baguette damit bestreichen und Öl darüberträufeln.

5 Suppe in 4 feuerfeste Schalen geben und je 2 Baguettescheiben darauflegen. Mit Käse bestreuen und 3 bis 4 Minuten auf der 2. Schiene von oben überbacken, bis der Käse goldbraun ist. Zum Servieren mit Petersilie bestreuen.

Tipp Sie können die Knoblauchbrote auch vorab auf der obersten Ofenschiene rösten, bis sie leicht braun werden. Wenn sie zum Überbacken auf der Suppe liegen, saugen sie sich von unten mit der Flüssigkeit voll und lassen sich später mit dem Esslöffel gut zerteilen.

Rezept von Peppi Kalteis

Hirsesalat mit frischem Gemüse

1 Sorghum unter fließendem Wasser kurz waschen. In einem offenen Topf 500 ml Wasser und Sorghum mit etwas Salz und Curry aufkochen. Topf vom Herd nehmen und bei geschlossenem Deckel 30 Minuten ziehen lassen. In der Zwischenzeit die Zwiebel schälen und in Streifen schneiden, Paprika schälen und in gröbere Stücke schneiden, Zuckerschoten quer halbieren.

2 In einer Pfanne Öl erhitzen, Paprika anbraten, nach 2 Minuten die Zwiebel hinzugeben, alles leicht salzen und glasig rösten. Zum Schluss Zuckerschoten und Sojasprossen kurz durchschwenken. Mit Kreuzkümmel würzen.

3 Gemüse in eine Schüssel füllen und mit Reisessig und Sweet Chili Chicken Sauce marinieren.

4 Gequollene Hirse abgießen und unter das Gemüse mischen. Abschmecken und frische Kräuter darüber streuen.

Hinweis Sojabohnensprossen wirken kühlend. Sie können diese daher gerne durch Fenchel, Moschuskürbis oder Lauch ersetzen.

Hirse erhalten Sie in Bioläden. Sie wird wie Reis zubereitet.

Für 4 Portionen

100 g Sorghum (Mohrenhirse)
Salz
1 EL Currypulver
1 Zwiebel
3 gelbe oder rote Paprikaschoten
100 g Zuckerschoten
2 EL Olivenöl
100 g Sojabohnensprossen
1 TL Kreuzkümmel
4 EL Reisessig
4 EL Sweet Chili Chicken Sauce
Koriander- oder Basilikumblätter nach Geschmack

Kartoffelgratin mit Bockshornkleesauce

Kartoffelgratin eignet sich als Beilage zu Fleisch oder mit einem Salat dazu als Hauptgericht.

Für 4 Portionen
1 kg Kartoffeln
2 Knoblauchzehen
250 m l Milch
250 g süße Sahne
Salz und Pfeffer aus der Mühle
1 Prise Muskatnuss
1 EL Butter
8 EL geriebener Pecorino

1 Kartoffeln schälen und in dünne Scheiben schneiden. Knoblauch schälen. Den Backofen auf 220 °C (Umluft 200 °C) oder Stufe 4 (Gas) vorheizen.

2 In einen großen Topf Milch und Sahne geben, mit Salz, Pfeffer und frisch gepresstem Knoblauch würzen und einmal kurz aufkochen lassen. Die rohen Kartoffelscheiben hinzugeben und auf kleiner Flamme 10 Minuten köcheln lassen. Mit Muskat abschmecken.

3 Auflaufform mit Butter ausstreichen. Warme Kartoffeln mit einer Schöpfkelle aus der Sauce heben, mithilfe von zwei Löffeln fächerförmig in die Form schichten und mit der Sauce begießen. Pecorino darüberstreuen und im heißen Ofen 15 bis 20 Minuten überbacken.

Varianten Für dieses Rezept schlagen wir mit der Bockshornkleesauce einen indischen Touch vor. Das Kartoffelgratin können Sie aber auch mit wärmenden Kräutern wie Thymian, Rosmarin oder Kräutern der Provence würzen.

Bockshornkleesauce

Für 4 Portionen: 3 Schalotten
1 Stück Ingwer (ca. 3 cm)
2 EL Sonnenblumenöl
1 TL Bockshornkleesamen
½ TL gemahlener Kreuzkümmel
½ TL gemahlener Koriander
½ TL Chilipulver
100 ml Gemüsebrühe
100 ml Kokosmilch

1 Schalotten und Ingwer schälen, in Stücke schneiden und in der Küchenmaschine pürieren. In einer Pfanne Öl erhitzen und Bockshornkleesamen kurz anbraten, bis er rötlich-dunkelbraun ist. Mit einem Holzlöffel entnehmen und wegwerfen.
2 Zwiebel-Ingwer-Püree 10 Minuten im aromatisierten Öl anbraten. Die Gewürze nacheinander in die Pfanne geben und kurz anrösten.
3 Mit Brühe und Kokosmilch aufgießen und auf kleiner Flamme 5 Minuten köcheln lassen.

Kürbiscremesuppe mit Koriander

Für 2 Portionen
500 g Hokkaidokürbis
2 Kartoffeln
1 Zwiebel
1 kleines Stück Ingwer
1 Chilischote
500 ml Gemüsebrühe (s. S. 143)
2 EL Öl
1 TL gemahlener Koriander
200 ml Kokosmilch
Salz
1 Prise Cayennepfeffer
einige Korianderblätter
1–2 EL schwarze Sesamkörner

1 Kürbis waschen und das Fruchtfleisch in kleine Würfel schneiden. Kartoffeln schälen und würfeln. Zwiebel und Ingwer von der Schale befreien und klein schneiden. Chilischote entstielen, leicht zerdrücken und die Kerne entfernen. Die Gemüsebrühe erwärmen.

2 In einem großen Topf das Öl erhitzen, Zwiebel darin glasig dünsten. Ingwer, Chili, Kürbis- und Kartoffelwürfel hinzufügen und unter Rühren 2 Minuten mitköcheln.

3 Mit Koriander bestäuben und kurz anschwitzen lassen. Gemüsebrühe hinzugeben und zum Kochen bringen. Bei niedriger Hitze das Gemüse etwa 20 Minuten garen.

4 Die Suppe mit dem Pürierstab fein mixen und die Kokosmilch hinzugeben. Mit Salz und Cayennepfeffer abschmecken.

5 Den Sesam in einer beschichteten Pfanne ohne Öl rösten. Die Suppe in die Teller füllen und mit Korianderblättern und Sesam garnieren.

Lauchtorte mit Garnelen

1 Den Teig wie auf Seite 99 beschrieben zubereiten. Während der Ruhezeit kann der Belag vorbereitet werden. Dazu Lauch putzen, waschen und in dünne Scheiben schneiden. Garnelen waschen und eventuell den Darm entfernen. In einer großen Pfanne das Öl erhitzen, Garnelen kurz darin anbraten und beiseite stellen. Lauch in die Pfanne geben und 5 Minuten schmoren lassen.

2 In einer Schüssel Schmand, Eier, Bulgur, Gewürze und Petersilie verrühren. Feta zerbröckeln, alternativ Pecorino reiben und hinzugeben. Mit Salz und Pfeffer abschmecken, nach Geschmack mit Muskat würzen.

3 Den Backofen auf 220 °C (200 °C Umluft) oder Stufe 4 (Gas) vorheizen. 2/3 des Teiges auf dem Boden der gefetteten Springform verteilen, den Rest zu einer Rolle formen und am Rand 5 cm hoch andrücken. Lauch und Garnelen auf dem Teig verteilen, die Schmandmischung gleichmäßig darübergeben.

4 Die Pizza im heißen Ofen 15 bis 20 Minuten backen.

Lauch: wärmt gemäß chinesischer Ernährungslehre die „Mitte" und bewegt die Lebensenergie Qi. Bei uns ist er auch als Porree bekannt, zu unterscheiden sind Sommer-, Herbst- und Wintersorten. Lauch lässt sich gut als Gemüse zubereiten und gehört – zusammen mit Karotten und Sellerieknolle – zum Suppengrün.

Variante: Sie können die Garnelen auch gegen Lammhackfleisch austauschen.

Für 4 bis 6 Portionen

½ Menge Hefeteig (s. S. 99)

Belag

600 g Lauch

200 g geschälte Garnelen mit Schwanz

3 EL Öl

1 Becher Schmand

4 Eier

3 EL Bulgur

1 TL Salz

Pfeffer aus der Mühle

½ TL Cayennepfeffer

1 EL rosa Pfefferkörner

½ Bund gehackte Petersilie

200 g Fetakäse oder Pecorino

1 Prise Muskatnuss

Springform (Durchmesser 28 cm)

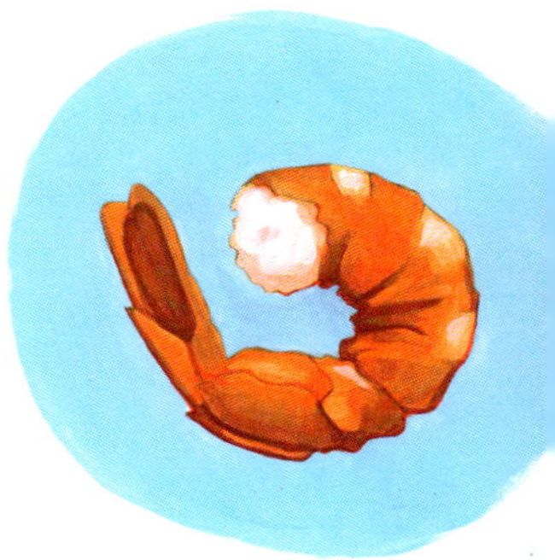

Rosmarin: Die Sträucher lieben die Sonne und mögen weder Regen noch Frost, daher gedeihen sie besonders gut im Mittelmeerraum. Die schmalen Blätter erinnern an Tannennadeln, sie schmecken harzig und würzig. Getrockneter Rosmarin kann herb und bitter werden, daher eher sparsam verwenden. Mit frischen Rosmarinzweigen können Sie einen milden Essig oder ein hochwertiges Olivenöl ansetzen. Nach zwei bis drei Wochen haben sie ihr Aroma abgegeben.

Muskat: Der immergrüne Muskatnussbaum wird bis zu 18 Meter hoch und trägt bis zu 2000 Früchte, die einen braunen Samen enthalten. Diese Nüsse sind von einem leuchtend roten Mantel namens Muskatblüte oder Macis umgeben. Beim Trocknen verfärbt sie sich orange. Macis und Muskatnuss duften herb und brennen leicht in der Nase. Die Nuss schmeckt feurig-würzig, Macis ist milder – beide gelten in der chinesischen Ernährungslehre als wärmende Gewürze. Am besten kaufen Sie ganze Muskatnüsse und reiben dann zum Ende der Garzeit eine Prise über das Gericht.

Würziges

Krabbensuppe

Maronensuppe mit Hirschschinken

Dhalsuppe von roten Linsen

Mit Lammhack gefüllte Paprikaschoten

Türkische Lammkoteletts mit Aprikosensenf

Rehmedaillons in Pfefferrahmsauce

Languste in Lavendelfond

Rezept von Peppi Kalteis

Gebratene Hähnchenkeule

Garnelencurry

Flambiertes Pfeffersteak

Pfirsich-Chili-Chutney

Rezept von Peppi Kalteis

Pikante Nudelpfanne mit Fenchel und Thunfisch

Curry von Truthahn und Süßkartoffel

Rezept von Peppi Kalteis

Z

Krabbensuppe

Für 2 Portionen
200 g Krabben
1 Schalotte
1 EL Öl
500 ml Hühnerbrühe (s. S. 142)
1–2 TL Hummerpaste
4 EL Kokosmilch
Salz
1 Frühlingszwiebel
einige rosa Pfefferkörner
Petersilienblätter und Chilifäden zum Dekorieren

1 Am Vortag die Hühnerbrühe kochen oder eine Instantbrühe ansetzen. Die Brühe erhitzen. Die Schalotte schälen, fein würfeln, in einem großen Topf in Öl glasig dünsten und mit der Brühe ablöschen.
2 Die Hummerpaste hinzugeben und auflösen. Herd auf mittlere Temperatur herunterschalten. Krabben und Kokosmilch hinzufügen, etwa 10 Minuten ziehen lassen und nach Geschmack salzen. Zwischenzeitlich die Frühlingszwiebel waschen, putzen und das Grüne in feine Ringe schneiden.
3 Rosa Pfefferkörner und Frühlingszwiebel in Suppenschalen füllen und die Suppe vorsichtig darübergießen. Mit Petersilie und Chilifäden bestreut servieren. Dazu passt Baguettebrot.

Chilifäden Die fein geschnittenen orange-roten getrockneten Chilischoten sehen wie Engelshaar aus. Sie haben ein mildscharfes Aroma und eigenen sich gut als dekoratives Topping für Suppen. Erhältlich sind Chilifäden im Asia-Markt.

Maronensuppe mit Hirschschinken

1 Frische Maronen schälen (siehe unten). Einige beiseite legen und in Scheiben schneiden, den Rest grob hacken. Schalotten und Knoblauch schälen und hacken. Karotte und Lauch putzen und in Scheiben bzw. Ringe schneiden.

2 In einer großen Pfanne Öl erhitzen. Speck anbraten und beiseite legen. Im Öl Zwiebel, Knoblauch, Maroni und Rosmarinzweige unter ständigem Rühren kurz anrösten.

3 Rosmarin herausnehmen, einige Nadeln hacken und zurück in die Pfanne geben. Mit Brühe ablöschen, Sahne, Zimtstange, Karotte und Lauch hinzugeben, mit Salz und Pfeffer würzen und bei mittlerer Hitze 20 Minuten köcheln lassen.

4 Suppe im Topf pürieren, durch ein Sieb passieren, ohne Zimtstange wieder in den Topf zurückgießen und bis zum Servieren warm halten.

5 Maronischeiben, Schinken und Speck auf Teller verteilen, Suppe einfüllen, mit je einem Rosmarinzweig dekorieren und nach Geschmack etwas Zimtpulver darüberstreuen.

Maronen: Esskastanien gelten in der chinesischen Ernährungslehre als wärmend. Frische Maronen sind von Mitte September bis März erhältlich. **Schälen:** Maronen waschen, auf der gewölbten Seite kreuzweise einschneiden und 10 Minuten in einem Topf mit Wasser kochen. Nach und nach herausnehmen und die warmen Maroni mit einem spitzen Messer die äußere Schale und das innere hellbraune Häutchen entfernen.

Sie können den delikaten Hirschschinken – zusammen mit etwas Brot – auch separat anbieten.

Für 4 Portionen

750 g frische Maronen oder
500 g geschälte Maronen
2 Schalotten
1 Knoblauchzehe
1 Karotte
1 Lauchstange
2 EL Sonnenblumenöl
100 g magerer Speck
4 kleine Rosmarinzweige
1 l Gemüse-, Rinder- oder Hühnerbrühe (s. S. 142)
125 g süße Sahne
½ Zimtstange
Salz und Pfeffer aus der Mühle
1 Msp. Cayennepfeffer
100 g Hirschschinken in feinen Scheiben
Zimtpulver nach Geschmack

Aphrodisierende Gerichte: Gurken, Spargel, Erdbeeren und Ananas sollen angeblich Appetit auf mehr machen. Die chinesische Ernährungslehre schreibt jedoch all diesen aphrodisierenden Lebensmitteln eine kühlende Wirkung zu, und Austern gelten als neutral mit einer Tendenz zur Kälte.
Einem heißblütigen Casanova wird das wohl kaum den Spaß verderben. Da sich dieses Kochbuch jedoch an frierende Menschen wendet, schlagen wir Ihnen Gerichte mit wärmenden Zutaten vor, die Ihre Sinne anregen sollen – denn erst wenn Sie von innen so richtig schön eingeheizt sind, werden Sie die Hüllen liebend gern fallen lassen.
Aphrodisierende Gerichte sollten Sie aber nicht nur wärmen. Wichtig ist auch, dass sie nur leicht gewürzt sind, keinen Mundgeruch zur Folge haben und nicht so schwer im Magen liegen. Als Vorspeise oder Hauptgericht empfehlen wir leichte Suppen aus Hühner- oder Gemüsebrühe. Bei den herzhaften Speisen sollten Sie auf den Knoblauch verzichten und anstelle von Zwiebeln mildere Schalotten oder Gemüsezwiebeln nehmen. Die

frischen Chilischoten können Sie durch Cayennepfeffer ersetzen, so ist die Schärfe etwas besser zu dosieren. Mild und trotzdem würzig schmecken rosa Pfefferkörner, edelsüßer Paprika und Fenchelsamen.

In diesem Buch sind als aphrodisierende Gerichte und Getränke enthalten:

Kürbiscremesuppe mit Koriander
Krabbensuppe mit Hühnerbrühe
Nudelpfanne mit Fenchel und Thunfisch
Lammragout mit Granatapfel
Honigfrüchte (Aprikosen, Pfirsiche) mit Zimt und Ingwer
Kirschkompott mit Rotwein und Sternanis
Chili-Schoko-Liebestrank
Karamellisierte Litschis mit Kokos-Sabayone
(Peppi Kalteis).

Dhalsuppe von roten Linsen

Sie können die Suppe bereits am Vortag kochen – nach dem Aufwärmen schmeckt sie umso würziger.

Für 4 Portionen

250 g getrocknete rote Linsen
2 rote Paprikaschoten
2 kleine rote Chilischoten
1 Stück Ingwer (ca. 4 cm)
1 Zwiebel
1 Knoblauchzehe
2 EL Ghee (Butterschmalz) oder Butter
1 gehäufter TL Garam Masala (s. S. 85)
½ TL Kreuzkümmel
½ TL Zimt
Salz
500 ml Gemüsebrühe
1 Bund Koriander

1 Linsen in ein Sieb geben, mit kaltem Wasser spülen und abtropfen lassen. Paprika und Chilis waschen, entkernen und die Paprika grob, die Chili fein würfeln. Ingwer, Zwiebel und Knoblauchzehe schälen und würfeln.

2 In einem Topf das Fett erhitzen und Zwiebeln darin bräunen. Ingwer, Knoblauch, Paprika, Chili und übrige Gewürze zugeben. Mit Brühe ablöschen und zugedeckt 10 bis 15 Minuten köcheln lassen. Nach Geschmack nochmals würzen.

3 Koriander waschen, trocken schütteln, Blätter abzupfen und grob hacken. Zum Servieren Koriander auf die Suppe geben.

Dhal (Oder Dal) ist das indische Wort für Linsen oder im weiteren Sinne auch für getrocknete Hülsenfrüchte. Die indische Küche kennt unzählige Varianten würziger Dhalgerichte. Dazu passen die typischen indischen Brote wie Chapati-Fladenbrote aus grobem Weizenmehl, Naan-Hefebrote oder die krossen Pappadums aus Linsenmehl.

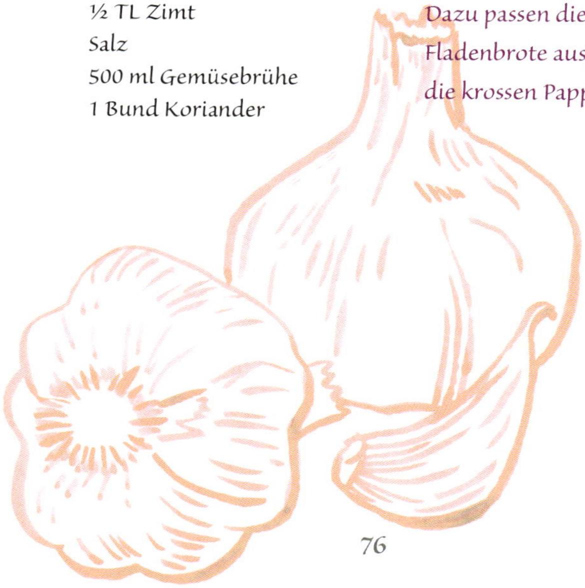

Mit Lammhack **gefüllte Paprikaschoten**

1 Zwiebeln und Knoblauch schälen und grob hacken. Petersilie waschen, trocken schütteln und Blätter klein hacken. Brötchen in einer kleinen Schüssel in Wasser einweichen, kräftig ausdrücken und klein rupfen.

2 In einer großen Schüssel Hackfleisch mit Brötchen, Zwiebeln, Knoblauch und Ei mischen, mit Gewürzen und Senf kräftig würzen. Den Ofen auf 200 °C (Umluft 180 °C) oder Stufe 3 (Gas) vorheizen.

Im Öl Zwiebel, Knoblauch, Maroni und Rosmarinzweige unter ständigem Rühren kurz anrösten.

3 Paprikaschoten waschen und trocknen. Rund um den Stiel die Deckel waagerecht abschneiden, diese klein schneiden und unter die Hackfleischmasse mischen. Die Schoten mit einem Teelöffel entkernen und mit der Hackfleischmasse füllen.

4 In einer Pfanne Öl erhitzen und die Paprika mit der offenen Seite nach unten kurz anbraten. Jetzt die Schoten mit der Öffnung nach oben in eine Auflaufform stellen und die heiße Brühe angießen. Das Ganze im heißen Ofen auf mittlerer Schiene 45 bis 60 Minuten schmoren.

5 Die Schoten herausheben, auf Tellern anrichten, die Brühe mit Sahne und Mehl andicken und zu den gefüllten Paprikaschoten reichen.

TIPP Wer viel friert, sollte für dieses Gericht wärmendes Lammhackfleisch nehmen. Reines Schweinefleisch gilt als kühlend. Reines Rinderhack enthält wenig Fett und wird beim Anbraten krümelig.

Dazu passen gegrillter Schafskäse, Zwiebelpüree, Reis, Bratkartoffeln oder Kartoffelbrei.

Für 4 Portionen

2 Zwiebeln
1 Knoblauchzehe
½ Bund Petersilie
1 altbackenes Brötchen
500 g Lammhackfleisch
1 Ei
Salz und Pfeffer aus der Mühle
½ TL scharfes Paprikapulver
1 EL getrockneter Majoran
1 TL Senf
4 große rote Paprikaschoten
2 EL Öl
750 ml Gemüse- oder Rinderbrühe (s. S. 143)
100 g Sahne
1 EL Dinkelmehl

Türkische Lammkoteletts mit Aprikosensenf

Zu den Lammkoteletts passen Şchehriye, die türkischen Reisnudeln

Für 4 Portionen

12 dünne Lammkoteletts mit Knochen
6 EL Olivenöl
Salz und Pfeffer aus der Mühle
Marinade
1 Zwiebel
2 Knoblauchzehen
1 Chilischote
1 Rosmarinzweig
4 Thymianzweige
5 EL Olivenöl
1 TL Salz
1 TL edelsüßes Paprikapulver

1 Am Vortag die Marinade zubereiten. Dazu Zwiebel und Knoblauch schälen und fein hacken. Chili, Rosmarin und Thymian waschen und hacken – je mehr Chilikerne Sie nehmen, desto schärfer wird die Marinade. Mit Öl, Salz und Paprikapulver in einer großen flachen Schale mischen.
2 Koteletts unter kaltem Wasser abwaschen und mit einem Küchenkrepp abtupfen. Fleisch in der Marinade wenden und zugedeckt über Nacht ziehen lassen.
3 Die Koteletts mit Salz und Pfeffer würzen und von jeder Seite in heißem Öl etwa 2 Minuten scharf anbraten oder 15 Minuten im Ofen grillen. Dabei immer wieder mit der Marinade bestreichen.

Türkische Nudeln Die kleinen braunen Nudeln in heißem Öl anrösten, etwas ungekochten Langkornreis hinzugeben und weiter rösten. Mit Hühnerbrühe ablöschen und bei geschlossenem Deckel so lange ziehen lassen, bis die Nudeln und der Reis gar sind. Mit etwas Butter servieren.

Aprikosensenf

1 Frische Früchte waschen, entkernen und würfeln. Getrocknete Aprikosen zuvor 30 Minuten in heißem Wasser einweichen.

2 Schalotten schälen und fein schneiden. In einer Pfanne Öl erhitzen, Schalotten hinzugeben und glasig werden lassen. Aprikosen hinzugeben und 5 Minuten köcheln. Zucker darüberstreuen und karamellisieren lassen. Mit Essig ablöschen und salzen. 20 Minuten mit geschlossenem Deckel bei mittlerer Hitze köcheln lassen.

3 Die Hälfte der Aprikosenmischung pürieren, alles zusammen mit Senf und Honig in die Pfanne zurückgeben und mischen.

Variante Beim Feigensenf verbinden sich die Aromen der süßlichen und thermisch neutralen Feigen mit den scharfen und wärmend wirkenden Senfsamen. Feigensenf passt sehr gut zu Ziegenkäse, der auch wärmend wirkt.

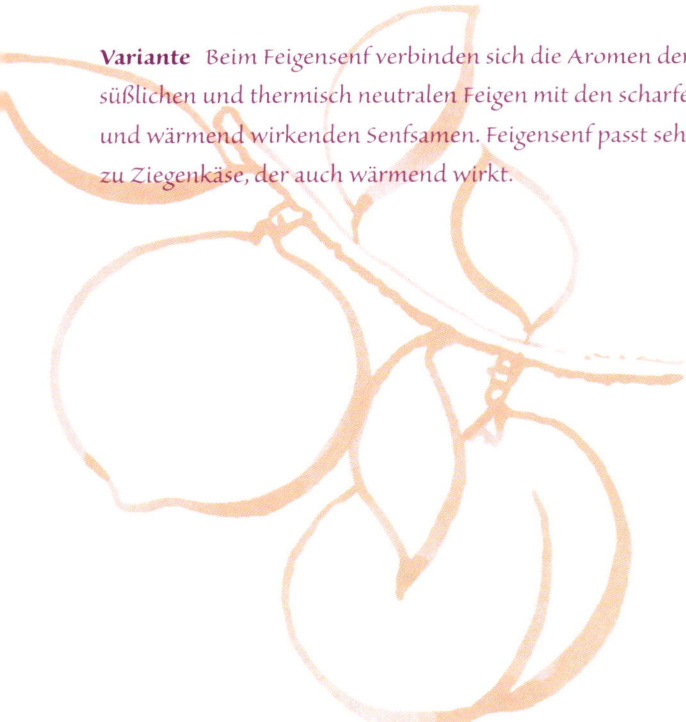

Sie können dieses Rezept auch abwandeln und einen Feigensenf herstellen.

Für 4 Portionen

300 g Aprikosen (frisch oder getrocknet)
2 Schalotten
2 EL Sonnenblumenöl
4 EL brauner Zucker
6 EL Sherryessig
1 TL Salz
3 EL scharfer Senf
3 EL körniger Senf
1 EL flüssiger Honig

Rehmedaillons in Pfefferrahmsauce

Rehfleisch hat wenig Fett, ist sehr zart und bleibt saftig, wenn Sie es scharf anbraten.

Für 4 Portionen

20–30 g Butter oder Butterschmalz
8 Rehmedaillons à 80 g (Rücken oder Nüsschen)
etwas Rosmarin
etwas Thymian
2 Gewürznelken
2 Wacholderbeeren
Salz und Pfeffer aus der Mühle
400 ml Kokosmilch
1–2 EL grüne Pfefferbeeren
100 ml Rotwein

1 In einer Pfanne Butter oder Butterschmalz zerlassen, die Rehmedaillons mit Rosmarin, Thymian, Nelken und Wacholderbeeren etwa 3 Minuten rosa anbraten. Mit Salz und Pfeffer würzen. Fleisch in eine Alufolie wickeln und kurz ruhen lassen.

2 Kokosmilch in die Pfanne geben und unter Rühren erhitzen, grüne Pfefferbeeren hinzugeben und mit Rotwein abschmecken. Nicht aufkochen lassen. Dazu passen Rosmarinkartoffeln oder gebratene Serviettenknödel.

TIPP Frisches Rehfleisch können Sie von Mitte Mai bis Ende Januar kaufen, wobei die Jagdzeit für Böcke von Mai bis Oktober und für Ricken von September bis Januar geht. Da Rehe zur Familie der Hirsche gehören, gilt deren Fleisch – ebenso wie Hirschfleisch – als wärmend.

Von Mild bis besonders scharf

Mild: Roter Pfeffer wird aus den vollreifen Früchten der Pfefferpflanze gewonnen. Dekorativ und würzig im Salat.
Rosa Pfefferbeeren stammen vom Brasilianischen Pfefferbaum, der zu einer anderen Familie als die „echten" Pfefferbäume gehört. Die getrockneten rosa Beeren schmecken zugleich süßlich und leicht scharf.
Mittelscharf: Beim grünen Pfeffer handelt es sich um die unreifen Früchte des Pfefferstrauchs, die in Essig oder in Salzlake konserviert werden. Grüner Pfeffer ist etwas milder als weißer und schwarzer Pfeffer und passt in Sahnesaucen und zu Fleisch.
Scharf: Weißer Pfeffer wird aus den vollreifen roten Früchten hergestellt. Die Körner lässt man einige Tage gären oder in Wasser aufweichen. Dann wird das rote Fruchtfleisch abgerieben, sodass die weißen Kerne frei liegen. Gut für weiße Pfeffernüsse.
Besonders scharf: Schwarzer Pfeffer stammt von den getrockneten unreifen grünen Früchten. Passt zu Wildgerichten. Würzen Sie am besten mit schwarzem Pfeffer aus der Mühle, Pulver verliert schnell das Aroma.

Rezept von Peppi Kalteis

Languste in Lavendelfond

Gemäß TCM gehört Weißwein zu den kühlenden Produkten. Wer wärmetechnisch auf Nummer sicher gehen möchte, ersetzt den Wein durch Gemüsefond.

Für 4 Personen

4 Langustenschwänze
1 große weiße Zwiebel
4 EL Olivenöl
100 ml trockener Weißwein
1 TL getrocknete Lavendelblüten
1 EL Lorbeerblatt, Wacholderbeeren und Korianderkörner
1 g Safranfäden
Meersalz und Pfeffer aus der Mühle
4 cl Wermut (Noilly Prat)
200 ml Gemüsefond
1 Fenchelknolle

1 In einem großen Topf Wasser erhitzen, Langustenschwänze ca. 15 Minuten kochen und mit kaltem Wasser abspülen. Die Schalen brechen, Fleisch vorsichtig auslösen und die Schalen klein hacken.

2 Zwiebel schälen und hacken. In einer großen Pfanne 2 EL Öl erhitzen, Langustenschalen und Zwiebel anbraten und mit Weißwein (s. Hinweis unten) ablöschen. Gewürze und Salz hinzugeben und 10 Minuten köcheln lassen.

3 Wermut hinzugeben, mit der Brühe auffüllen und den Fond durch ein Sieb gießen. Langustenschwanz halbieren, dunklen Darm entfernen und jede Hälfte in 5 Stücke schneiden. Fenchel putzen und würfeln.

4 In einem großen Topf restliches Öl erhitzen, Fenchel darin kurz anschwitzen, mit Fond ablöschen und einmal aufkochen lassen. Topf vom Herd nehmen und die Langustenstücke bei geschlossenem Deckel 5 Minuten darin ziehen lassen.

Langusten gehören zu den Krustentieren, ihr Fleisch gilt – ebenso wie das der Garnelen – nach der chinesischen Ernährungslehre als wärmend. Wenn Sie tiefgefrorene Langustenschwänze (Lobster Tail) kaufen, sollten Sie darauf achten, dass die Verpackung nicht beschädigt ist.

Gebratene Hähnchenkeule

mit Zimt-Pfeffer-Senf-Kruste

Ein Gaumenschmaus, der sich schnell und einfach zubereiten lässt.

Für 4 Portionen

4–6 Hähnchenkeulen
1 EL Dijon-Senf
500 ml Hühnerbrühe (s. S. 142)
1 altbackenes Brötchen
1 kleines Stück frischer Ingwer
1 Knoblauchzehe
1 EL grüne Pfefferkörner
1 EL gemahlener Zimt
½ TL Salz
25 g Butter

1 Backofen auf 220 °C (Umluft 200 °C) oder Stufe 4 (Gas) vorheizen. Die Keulen mit Senf bestreichen, in eine Auflaufform legen, Hühnerbrühe hinzugeben, sodass der Boden gut bedeckt ist.

2 In einem Topf Butter zerlassen. Brötchen grob reiben. Ingwer und Knoblauch schälen und fein hacken. Grünen Pfeffer abgießen. Semmelbrösel mit den Gewürzen mischen und auf der Senfschicht andrücken.

3 Hähnchenkeulen im heißen Ofen 40 Minuten braten, bis das Fleisch gar ist und sich eine feste Kruste gebildet hat. Dazu passen Reis, Bulgur, Kartoffeln oder Aprikosen-Zimt-Chutney (s. S. 104).

TIPP Der Reiz dieses Hähnchenrezepts liegt in der Kruste, da die Mischung aus Zimt und grünem Pfeffer – zusammen mit dem Senf – der Zunge ein ganz besonderes Geschmackserlebnis bietet. Hinzu kommt, dass die meisten Zutaten wärmend wirken: Hähnchen, Hühnerbrühe, Senf, Ingwer, Knoblauch, Pfeffer und Zimt.

Garnelencurry

Die vielen Curry-Bezeichnungen sind schon etwas verwirrend: So ist das Currypulver eine Gewürzmischung, die aber nur selten Curryblätter enthält.

Für 4 Portionen

800 g geschälte Riesengarnelen mit Schwanz
2 Zwiebeln
2 Knoblauchzehen
2 grüne Chilischoten
je ½ rote und grüne Paprikaschote
2 EL Butter
6 Curryblätter
1 TL frisch geriebener Ingwer
½ TL Chilipulver
1 Dose Kokosmilch (400 ml)
½ TL gelbe Currypaste
½ Stängel Zitronengras
Salz
1 EL Sherry
Korianderblätter zum Dekorieren

1 Garnelen waschen, trocken tupfen und eventuell den schwarzen Darm entfernen. Zwiebeln und Knoblauch schälen, Zwiebeln in dünne Ringe schneiden. Chilischoten waschen, halbieren, entkernen und klein schneiden. Paprika waschen, entkernen und sehr klein schneiden.
2 In einer Pfanne Butter erhitzen und die Curryblätter darin leicht anbräunen. Zwiebeln hinzugeben und glasig braten. Knoblauch pressen, zusammen mit den restlichen Gewürzen und Paprika hinzugeben und anbraten.
3 Mit etwas Kokosmilch ablöschen, Currypaste unterrühren, Zitronengras und die restliche Kokosmilch hinzugeben und unter Rühren kurz aufkochen. Bei offenem Deckel 10 Minuten köcheln lassen.
4 Garnelen zur Sauce geben und 10 Minuten mitköcheln lassen. Anschließend Curryblätter und Zitronengras entfernen.
5 Garnelencurry mit Salz und etwas Sherry abschmecken und mit Korianderblättern garnieren. Dazu passen Reis oder breite Bandnudeln.

Curryblätter: Diese Blätter stammen vom 4 bis 6 Meter hohen Currybaum, der vor allem in Südindien und auf Sri Lanka wächst. Sie sehen wie dünne Lorbeerblätter aus, duften und schmecken ähnlich wie das Currypulver, haben aber zusätzlich eine angenehm frische Note. In Indien gibt es auch Curryblattpulver zu kaufen. Curryblätter lassen sich trocken oder in Öl rösten, sie würzen dann Currygerichte, Suppen und Eintöpfe.

Indische Küche: Garam Masala

Das indische Wort „garam“ bedeutet warm oder heiß, Garam Masala ist also ein „heißes Gewürz“. In einem luftdicht verschlossenen Schraubglas können Sie es drei Monate lang aufbewahren. Garam Masala eignet sich als Zutat einer Marinade für Chicken Masala und passt zu Currys mit Gemüse, Rind- oder Lammfleisch.

Zutaten: 2 Zimtstangen, 4 Gewürznelken, 1 EL schwarze Pfefferkörner, 8 grüne Kardamomkapseln, 4 EL Koriandersamen, 1 Lorbeerblatt, 2 EL Kreuzkümmelsamen, ½ TL gemahlene Muskatnuss, 1 Prise Ingwerpulver und Piment nach Geschmack

1 Pfanne auf mittlerer Flamme erhitzen. Zimt, Nelken und Pfefferkörner darin langsam rösten. Kardamomkapseln aufbrechen und mit Koriander und Lorbeer in die Pfanne geben, bis alles angenehm duftet. Für eine weitere Minute Kreuzkümmel hinzugeben.

2 Die Gewürze abkühlen lassen. Kardamomkapseln heraussammeln und die Körnchen zur Würzmischung zurückgeben.

3 Gewürze mit einem Mörser fein mahlen. Je nach Geschmack mit Muskat, Ingwer und Piment abrunden.

Flambiertes Pfeffersteak

Wichtig: Bitte lesen Sie vorher die Hinweise zum Flambieren auf Seite 60.

Für 4 Portionen

2 cl Cognac
2 EL Butterschmalz
4 Filetsteaks vom Rind à 200 g
Salz und Pfeffer aus der Mühle
1 kleines Glas eingelegter grüner Pfeffer (Abtropfgewicht 40 g)
125 g Sahne
Alufolie

1 Cognac im Wasserbad erwärmen. In einer Pfanne Butterschmalz erhitzen und das Fleisch darin von jeder Seite 3 Minuten scharf braten. Dabei nicht bewegen, damit sich die Poren schließen können.

2 Pfefferkörner abgießen und kurz mitschmoren lassen. Herdplatte ausschalten, Fleisch von beiden Seiten würzen, in Alufolie einwickeln und 2 Minuten ruhen lassen.

3 Fleisch zurück in die Pfanne legen. Brennenden Cognac über das Fleisch gießen, das Feuer komplett ausbrennen lassen. Sahne hinzugeben, Sauce abschmecken und Steaks servieren. Dazu passen Ofenkartoffeln, Kartoffelgratin oder breite Bandnudeln.

Steaks braten: Wie stark Sie ein Steak garen möchten, hängt ganz von Ihrem persönlichen Geschmack ab. Um herauszufinden, wie sich das Fleisch durch das Braten verändert, hilft ein Vergleich mit dem Muskel am unteren Ende der Daumeninnenseite. Drücken Sie den rechten Daumen nacheinander mit den einzelnen Fingern zusammen und spüren Sie, wie sich der Daumenmuskel verändert:

- Daumen und Zeigefinger: rohes Steakfleisch
- Daumen und Mittelfinger: rosa gebraten
- Daumen und Ringfinger: medium gebraten
- Daumen und kleiner Finger: durchgebraten

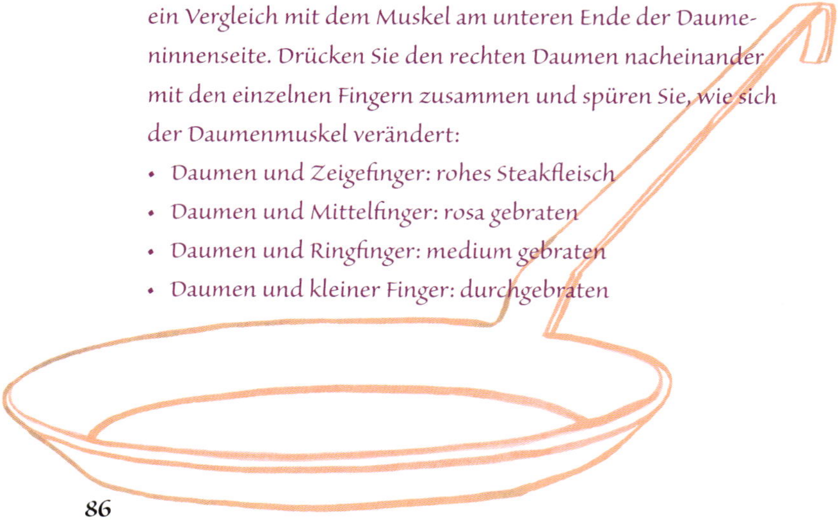

Rezept von Peppi Kalteis

Pfirsich-Chili-Chutney

Zutaten für 4 Portionen: 4 Pfirsiche, 50 g brauner Zucker, 30 ml weißer Balsamessig, 3 EL Sherry, 30 g frischer Ingwer, ½ frische rote Chilischote, 1 TL Zimt, 1 Msp. Nelkenpulver, je 1 Prise Anis und Kardamon, 100 ml Pfirsichsaft

1 Pfirsiche waschen, abtropfen lassen, entkernen und würfeln. Zucker im Topf karamellisieren lassen. Früchte hinzugeben und mit Essig und Sherry ablöschen.

2 Ingwer schälen und in dünne Scheiben schneiden. Chili halbieren und die Kerne unter laufendem Wasser abspülen. Wer es richtig scharf haben möchte, gibt 1 bis 2 Kerne zum Chutney.

3 Gewürze in den Topf geben, mit Aprikosensaft aufgießen und das Chutney 1 Stunde leicht köcheln lassen. Das Chutney passt nicht nur zur Crème brûlée, sondern auch zu Fleischgerichten wie gebratenem Lammkotelett.

Pikante Nudelpfanne

mit Fenchel und Thunfisch

Dinkel-Nudeln erhalten Sie in Bio-Läden.

Für 2 Portionen
300 g Bandnudeln
1 Fenchelknolle
1 Gemüsezwiebel oder
2 Schalotten
3–5 EL Öl
100 g Thunfisch (aus der Dose)
½ TL Fenchelsamen
Salz und Pfeffer aus der Mühle
100 g Pecorino

1 In einem großen Topf in 3 l Salzwasser Nudeln al dente kochen, abgießen und zurück in den heißen Topf geben. Währenddessen Fenchel waschen, putzen und in kleine Stücke schneiden. Das Fenchelgrün beiseite stellen.
2 Zwiebel schälen und würfeln. In einer großen Pfanne das Öl erhitzen und die Zwiebeln glasig schwitzen. Fenchel hinzufügen und 5 Minuten bei geschlossenem Deckel weiter braten. Dabei gelegentlich umrühren.
3 Thunfisch abgießen, zerkleinern, dazugeben und das Ganze braten, bis alles gar ist. Mit Fenchelsamen, Salz und Pfeffer pikant abschmecken.
4 Die Nudeln behutsam unterheben. Zum Servieren das Fenchelgrün sowie gehobelten Pecorino darüberstreuen.

Fenchel: Bei Fenchel scheiden sich oft die Geister: Die einen rümpfen wegen des leicht nach Anis schmeckenden Aromas die Nase. Die anderen lieben das zarte Gemüse, das grüne Kraut und die Samen über alles – wohl wissend, dass schon die alten Chinesen dem Fenchel eine aphrodisierende und wärmende Wirkung zuschrieben. Die Inder wiederum kauen gern kandierten Fenchelsamen, um den Atem zu erfrischen.

Nudeln: Die meisten italienischen Nudelsorten werden aus Hartweizengrieß hergestellt. In der chinesischen Ernährungslehre gilt Weizen jedoch als kühlend, wobei sich eine Tendenz zur Wärme ergibt, je feiner das Korn gemahlen wird. In Bio-Läden erhalten Sie auch Spaghetti und Maccheroni aus Dinkelmehl, dessen Korn die TCM als wärmend beschreibt.

Rezept von Peppi Kalteis

Curry von Truthahn und Süßkartoffel mit Bockshornkleesamen

Süßkartoffeln oder Bataten galten in China lange Zeit als Nahrungsmittel für arme Leute. Heute stehen sie – nach Reis und Weizen – ganz oben auf der Liste der Anbauprodukte. Thermisch wirken sie neutral.

Für 4 Personen

4 EL Bockshornkleesamen
4 Truthahnschnitzel à 200 g
8 EL Erdnussöl
fein gemahlenes Meersalz
1 Prise Cayennepfeffer
1 Msp. gemahlene Muskatblüte (Macis)
1 große Zwiebel
1 Stück Ingwer (ca. 4 cm)
2 grüne Chilischoten
1 Stängel Zitronengras
400 g Süßkartoffeln
2 Fenchelknollen
1 Dose Kokosmilch (425 ml)
500 ml Geflügelfond oder Wasser
1 Bund Koriander

1 Pfanne ohne Öl erhitzen, Bockshornkleesamen darin anrösten und beiseite stellen.

2 Die Hälfte vom Erdnussöl in der Pfanne heiß werden lassen. Truthahnschnitzel mit Salz, Cayennepfeffer und Muskatblüte würzen und anbraten.

3 Zwiebel sowie Ingwer schälen und hacken, Chili entkernen und in feine Scheiben schneiden. Mit dem Bockshornkleesamen und dem Zitronengras zum Fleisch geben und 5 Minuten ziehen lassen. Währenddessen Süßkartoffeln schälen und in Würfel schneiden. Fenchelknollen halbieren, den Strunk entfernen und quer in feine Streifen schneiden.

4 Süßkartoffeln und Fenchel in die Pfanne geben, im restlichen Öl glasig schwitzen, mit Kokosmilch und Geflügelfond aufgießen und 15 Minuten weich köcheln lassen. Anschließend das Zitronengras wieder entnehmen.

5 Koriander waschen und die Blätter klein schneiden. Curry mit Koriander und Salz abgeschmeckt servieren.

Truthenne und Truthahn können zwischen 4 und 10 Kilogramm wiegen. Andere Bezeichnungen lauten Pute und Puter und in der Schweiz Trute und Truter. Das dunkle, fette Fleisch der Keulen und das helle, magere Brustfleisch gelten in der chinesischen Ernährungslehre als wärmend.

Bockshornklee: Der bis zu 50 Zentimeter hohe Bockshornklee wird vor allem in Indien, im östlichen Mittelmeerraum und in Argentinien angebaut. Seine hellgrünen Blätter ähneln dem Klee und duften nach Curry. Aus den gelblich-weißen Blüten wachseln lange Hülsen, die durch ihre Form an die Hörner eines Schaf- oder Ziegenbocks erinnern. Diese Schnäbel enthalten zehn bis zwölf kantige und harte Samen, die roh ungenießbar sind. Beim trockenen Rösten können die hellbraunen Steinchen schnell verbrennen, daher sollten sie nur kurz erhitzt werden. Viele Currypulver enthalten den erdig und leicht herben Bockshornkleesamen, er ist auch Bestandteil der bengalischen Fünf-Gewürze-Mischung Panch Phoron und der äthiopischen Gewürzmischung Berbere (s. S. 94).

Schabzigerklee: Mit dem Bockshornklee verwandt ist der Schabzigerklee, der im Kaukasus und im Alpenraum wächst. Die Samen schmecken nicht so herb und bitter wie die des Bockshornklees. Das Kraut verwenden die Schweizer rund um die Region Glarus für den Schabzigerkäse, oder sie würzen damit Kartoffelspeisen. In Südtirol kommen kleine Mengen in die Vintschgauer Roggenbrotfladen.

Gewürze trocken rösten

In der indischen Küche beginnen sehr viele Rezepte mit dem Rösten von Gewürzen. Da sich die gerösteten Samen und Körnchen individuell zusammenstellen lassen, ergeben sich für Saucen, Suppen und Currys ganz unterschiedliche Aromen.
Um genauer beobachten zu können, wie sich die einzelnen Gewürze beim Rösten verhalten, ist es sinnvoll, sie getrennt voneinander zu rösten, abkühlen zu lassen und dann zu mörsern.
Pfanne ohne Öl erhitzen und darauf achten, wie sich die Gewürze verändern – und schnell reagieren, damit nichts verbrennt.
Die Faustregel lautet: Kleinere Samen und Körner haben kürzere Röstzeiten als größere. Wenn sich die Gewürze dunkel verfärben, anfangen zu knistern oder gar aus der Pfanne springen wollen, legen Sie sie zum Abkühlen beiseite.

Gewürze in Öl rösten

Für indische Gerichte können Sie die Gewürze auch langsam in Sonnenblumenöl oder Ghee (sprich: gi, indisches Butterschmalz) anbraten. Das aromatisierte Öl bildet dann die Basis für das weitere Kochen.

Wichtig dabei ist – wie beim trockenen Rösten – ein gutes Fingerspitzengefühl für die Dauer des Röstens: Senfkörner braten Sie beispielsweise nur kurz in Öl an. Auch Bockshornkleesamen werden im heißen Fett schnell bitter.

Currypulver: Jedes schmeckt anders

Die wohl bekannteste Gewürzmischung ist das Currypulver, das aus zehn, 20 oder gar 30 verschiedenen gerösteten Gewürzen besteht. Das klassische Rezept für indischen Curry enthält Zimt, Gewürznelken, Kardamom, Cayennepfeffer, schwarzen Pfeffer, Koriander, Piment, Kreuzkümmel, Ingwer und Paprikapulver. Weitere aromatische Noten geben Lorbeer, Muskatblüten, Fenchelsamen, Knoblauch, Zwiebel, Bockshornkleesamen und Tamarinde. Für die typische gelbe Farbe sorgt Kurkuma. Einige Currypulver schmecken mild und fruchtig, andere würzig und scharf – probieren Sie ein paar verschiedene Sorten aus.

Heißer Tipp: Gemahlene Gewürze aus der Dose oder Tüte sind nicht so aromatisch wie solche, die Sie selbst anrösten und anschließend direkt weiterverwenden.

Chinesische Küche: Das Fünf-Gewürze-Pulver enthält zu gleichen Teilen trocken geröstete Gewürznelken, Sternanis, Fenchelsamen, Szechuanpfeffer und Zimt oder Kassia. Manchmal kommt ein wenig Ingwer hinzu. Der kräftige und etwas eigenwillige Geschmack passt zu Fleisch, Geflügel, Brühen, Suppen und Gemüse. Sehr lecker auch in Speisen, die mit Zucker oder Honig gesüßt sind.

Arabische Küche: Ras el-Hanout stammt ursprünglich aus Marokko und enthält rund 20 geröstete Zutaten wie weißen Pfeffer, Piment, Muskatnuss, Muskatblüte, Zimt, Anis, Gelbwurz, Ingwer, Galgant, Chili, Gewürznelke, Kardamom, Veilchenwurzel sowie getrocknete Rosenknospen und Lavendelblüten. Die süß-scharfe und zugleich etwas bittere Gewürzmischung passt zu Couscous und orientalischen Fleischgerichten.

Äthiopische Küche: Berbere ist ein orange-rotes Gewürzpulver aus scharfen und aromatischen Zutaten, die in der Pfanne trocken geröstet werden. Typische Ingredienzen sind Kreuzkümmel, Nelke, Kardamom, schwarzer Pfeffer, Piment, Bockhornkleesamen, Ingwer, Chili, Kurkuma und Muskatnuss. Würzt Rindfleischragout (Zigni), Hühnereintopf und gebratenen Fisch.

Fruchtiges

Ziegenfrischkäse auf Sesambiskuit mit karamellisierten Kumquats
Rezept von Peppi Kalteis

Pizza mit Ziegenkäse, Pfirsich und Thymian

Lammragout mit Granatapfel

Pfirsichrisotto

Pfannkuchen mit scharfem Aprikosenmus

Rezept von Peppi Kalteis

Ziegenfrischkäse auf Sesambiskuit

mit karamellisierten Kumquats

In der Regel schälen Sie Kumquats nicht wie Orangen, sondern verwenden die ganze Frucht: Die Schale schmeckt herb-süßlich, das Innere ist leicht sauer.

Sesambiskuit

3 Bio-Eier
1 Prise Salz
4 TL Waldhonig
90 g Mehl
40 g Maisstärke
2 EL schwarzer Sesam
400 g Ziegenfrischkäse
125 g Kumquats
1 El Walnussöl
½ Vanilleschote
1 EL rosa Pfefferbeeren
1 EL Thymianblätter

1 Den Backofen auf 200 °C (180 °C Umluft) oder Stufe 3 (Gas) vorheizen. Die Eier und das Salz mit dem Rührgerät aufschlagen und 1 TL Honig zugeben. Mehl und Maisstärke sieben und vorsichtig unter die Masse heben.

2 Die Biskuitmasse auf ein Backblech 20 x 20 cm dünn ausstreichen und den Sesam darüberstreuen. Den Teig für 8 bis 10 Minuten goldgelb backen (je dicker er ist, umso saftiger wird er).

3 Den fertigen Biskuit in 5 x 10 cm große Scheiben schneiden, alle mit Frischkäse bestreichen und für eine Portion je zwei Stücke übereinandersetzen.

4 Die Kumquats waschen, halbieren und im Walnussöl in einer Pfanne erhitzen. Die halbierte und ausgekratzte Vanilleschote mit dem Mark zugeben. Rosa Pfeffer und abgezupften Thymian ebenfalls zugeben und für 1 Minute kurz mitbrutzeln, zum Schluss den restlichen Honig unterrühren und die Mischung über die Frischkäsetörtchen geben.

Kumquats Wie Orangen gehören auch die Zwergorangen zu den Zitruspflanzen, deren Fruchtfleisch in der chinesischen Ernährungslehre als kühlend gilt. Die pflaumengroße Kumquat bildet jedoch eine Ausnahme, ihr wird eine wärmende Energie zugesprochen.

Pizza mit Ziegenkäse,
Pfirsich und Thymian

Für 4 Portionen

Teig

1 Würfel Hefe
500 g Weizenmehl
½ TL Salz
2 EL Olivenöl
Mehl zum Ausrollen
Öl zum Einfetten des Backblechs

Belag

200 ml Tomatensugo (s. S. 30) oder scharfes Ajvar (s. S. 33)
200 g Ziegenkäse (Frisch- oder Weichkäse)
200 g Roquefort
4 Pfirsiche (frisch oder aus der Dose)
1 EL rosa Pfefferbeeren
3–4 Thymianzweige
2 EL Olivenöl

1 Backofen auf 30 °C (Ober-/Unterhitze bzw. Umluft) vorheizen. In einer kleinen Schüssel Hefe mit etwas lauwarmem Wasser verrühren, 2 bis 3 EL Mehl unterrühren. Mehl in eine große Rührschüssel sieben, in die Mitte eine Mulde drücken, den Rand mit Salz bestreuen. Hefe in die Mulde gießen und mit etwas Mehl bestäuben. Schüssel mit einem Küchenhandtuch abdecken und den Teig im Ofen 30 Minuten gehen lassen.
2 Wenn sich die Hefemasse auf etwa die doppelte Menge ausgedehnt hat Öl unterrühren, nach und nach 125 ml lauwarmes Wasser hinzugeben und den Teig kräftig kneten. Falls der Teig kleben sollte, etwas mehr Mehl hinzugeben. Teig abdecken und für weitere 60 Minuten im Ofen gehen lassen.
3 Ziegenkäse in Scheiben schneiden, Frischkäse und Roquefort in kleine Flocken teilen. Frische Pfirsiche waschen und entkernen, Dosenpfirsiche abgießen. Fruchtfleisch in flache Spalten schneiden. Pfefferbeeren im Mörser oder mit dem Messerrücken leicht zerdrücken. Thymian waschen und Blätter abzupfen.
4 Teig nochmals kurz durchkneten und mit einem Nudelholz auf dem gefetteten Backblech ausrollen. Falls der Teig zu sehr kleben sollte, etwas Mehl an die Rolle geben. Abgedeckt noch einmal kurz ruhen lassen. Währenddessen den Backofen auf 220 °C (200 °C Umluft) oder Stufe 4 (Gas) vorheizen.
5 Den Hefeteig mit Tomatensugo oder Ajvar bestreichen und mit Käse und Pfirsichen belegen. Pfeffer und Thymian darüberstreuen, mit Öl besprenkeln. Die Pizza 15 bis 20 Minuten backen.

Granatapfel: Schon im alten China galten Granatäpfel als Symbol für Fruchtbarkeit, Kinderreichtum und ein langes Leben. Kein Wunder also, dass spätere Kulturen den süß-säuerlich schmeckenden und wärmenden Kernen eine aphrodisierende Wirkung zuschrieben.

Achten Sie beim Einkauf darauf, dass die ledrige Schale des Granatapfels gelborange oder tiefrot gefärbt ist und beim Beklopfen einen metallischen Klang hat. Aus den rosafarbenen bis tiefroten Kernen kann man mit Zucker ein Granatapfelsirup herstellen, der sich als Grenadine gut für Cocktails eignet.

Lammragout

mit Granatapfel

1 Lammfleisch unter fließend kaltem Wasser waschen, mit Küchenpapier abtupfen und in etwa 1 cm große Würfel schneiden. Schalotten schälen und fein hacken. Koriander waschen und trocken schütteln. Blätter abpflücken, einige beiseite legen und den Rest fein schneiden. Granatäpfel halbieren, einige Kerne herauskratzen und beiseite legen. Die Früchte nun mit einer Orangenpresse ausdrücken, die Kerne dabei auffangen.

2 In einem Schmortopf Öl stark erhitzen, das Lammfleisch rundherum kräftig anbraten und danach beiseite stellen. Schalotten bei mittlerer Hitze andünsten. Fleisch hinzugeben, mit Paprika und Korianderpulver bestäuben.

3 100 ml Wasser sowie den Granatapfelsaft hinzugeben. Ragout etwa 1 Stunde bei schwacher Hitze im geschlossenen Topf schmoren lassen, bis das Fleisch weich ist. Zwischendurch hin und wieder wenden.

4 Die Sauce mit Sambal sowie Salz abschmecken und den geschnittenen Koriander untermischen. Zum Servieren Korianderblätter und Granatapfelkerne über das Ragout streuen.

Als Beilage schmecken Kartoffeln oder Bandnudeln.

Für 2 Portionen

300 g Lammfleisch (ohne Knochen)
2 Schalotten
½ Bund Koriander
2 Granatäpfel
2 EL Olivenöl
1 TL edelsüßes Paprikapulver
½ TL Korianderpulver
1 Msp. mildes Sambal Badjak
Salz

Pfirsichrisotto

Zu diesem süß-fruchtigen Risotto schmecken würzig-scharfe Fleischgerichte wie Lammkotelett (s. S. 78), Hühnerspieße oder Hackfleischbällchen.

Für 4 Portionen

2 Schalotten
1 Knoblauchzehe
300 g Pfirsiche (aus der Dose)
4 EL Butter
½ TL Salz
1 EL Currypulver
400 g Risottoreis
1 l Gemüsebrühe (s. S. 143)
750 ml Pfirsichsaft
½ Bund Koriander- oder Petersilienblätter

1 Schalotten und Knoblauch schälen und fein hacken. Pfirsiche abgießen und Früchte klein schneiden. In einem großen Topf 3 EL Butter erhitzen, Schalotten darin bei mittlerer Flamme glasig dünsten. Knoblauch und Pfirsiche hinzugeben und 3 Minuten schmoren lassen.

2 Die Masse mit einem Kartoffelstampfer zerdrücken. Salzen und Curry untermischen. Reis hinzugeben und 1 Minute unter Rühren garen. In einem Topf Gemüsebrühe und Pfirsichsaft erhitzen.

3 Ca. 500 ml Pfirsichbrühe zur Reismasse geben und auf kleiner Flamme etwa 20 Minuten köcheln lassen. Sobald die Flüssigkeit aufgesogen ist, etwas Brühe nachgießen. Das Risotto ist dann perfekt gegart, wenn die Reiskörner weich sind, aber innen noch Biss haben.

4 Topf vom Herd nehmen, restliche Butter hinzugeben und mit Koriander- oder Petersilienblättern servieren.

Variante: Auch ungezuckerte Dosenaprikosen sind für dieses Risotto geeignet. Getrocknete, ungeschwefelte Aprikosen sollten Sie entweder über Nacht in Wasser einweichen oder 30 Minuten in kochendes Wasser legen und dann abtropfen lassen.

Risottoreis ist ein Rundkornreis, der laut chinesischer Ernährungslehre zu den neutralen Lebensmitteln gehört. Bei diesem Gericht kochen Sie jedoch viele wärmende Zutaten wie Zwiebeln, Knoblauch, Currypulver und Pfirsiche mit und servieren es mit wärmenden Kräutern – das bringt Sie garantiert in Wallungen.
Für Risotto eignen sich Reissorten wie Carnaroli, Arborio und Vialone. Beim europäischen Reisanbau ist Italien führend, den meisten Reis produzieren die nordwestlichen Provinzen rund um Turin. Der Grund: Das Piemont bietet in der Po-Ebene für die Bewässerung der Reisfelder optimale Bedingungen.

Pfirsiche: Thermisch wirken sie wärmend. Nektarinen sind entweder eine Mutation der Pfirsiche oder eine Kreuzung aus Pfirsich und Pflaume, sie haben – im Gegensatz zu den Pfirsichen – eine unbehaarte Haut. Aprikosen wiederum stammen wahrscheinlich aus Nordchina und sind auch wärmend.

Pfannkuchen

mit scharfem Aprikosenmus

Die Pfannkuchen werden mit scharfem Aprikosenmus serviert und nach Geschmack noch mit Zimt und Zucker bestreut.

Für 4 Portionen

Pfannkuchen

4 Eier
250 g Mehl
250 ml Milch (halb Kuhmilch, halb Kokosmilch)
1 Prise Salz
250 ml Mineralwasser mit Kohlensäure Butter oder Butterschmalz zum Backen

Aprikosenmus

400 g Aprikosen (frisch oder aus der Dose)
1 Stück Ingwer (ca. 4 cm)
1 EL Sonnenblumenöl
1 Zwiebel
½ TL rote Currypaste
1 EL brauner Zucker
Salz und Pfeffer aus der Mühle
Zucker und Zimt nach Geschmack

1 Frische Aprikosen waschen und entkernen. Dosenaprikosen abgießen. Ingwer schälen und reiben.

2 Früchte und Ingwer in einen Topf geben, mit Wasser bedecken und etwa 10 Minuten dünsten. Kochwasser abgießen und Aprikosen samt Ingwer mit dem Pürierstab mixen.

3 Zwiebel schälen, sehr fein schneiden und in einer Pfanne in heißem Öl goldbraun anbraten. Currypaste und Aprikosenmus hinzugeben und 5 Minuten köcheln lassen. Mit Salz, Pfeffer und Zucker abschmecken.

4 Eier in einer Schüssel verquirlen. Nach und nach Mehl, Milch, Kokosmilch und Salz mit dem Schneebesen oder dem Handrührer untermischen. Es sollten keine Klümpchen entstehen. Den Teig 15 Minuten quellen lassen.

5 Runde Auflaufform bei 100 °C (Umluft 80 °C) oder niedrigster Gasstufe im Ofen anwärmen. Zum Teig so viel Mineralwasser hinzugeben, dass er ziemlich flüssig wird.

6 1 TL Butter in die Pfanne geben und erhitzen. Mit einer Schöpfkelle Teig hinzugeben und die Pfanne schwenken, damit sich alles gut verteilt. Pfannkuchen von beiden Seiten goldgelb backen und in die warme Auflaufform legen, damit sie nicht auskühlen.

Heißer Tipp Getrocknete Aprikosen sollten ungeschwefelt sein: Am besten über Nacht in etwas Wasser einweichen, dann in etwas Aprikosensaft 10 Minuten köcheln, bis sie weich sind.

Langsam Geschmortes

Irish Stew mit Weißkohl

Sauerbraten vom Wildschwein

Hirschbraten mit Kirschsauce und Maronen

Lammkeule auf Ratatouille aus roter Paprika, Ziegenkäse und grünem Pfeffer

Rezept von Peppi Kalteis

Tafelspitz

Perlhuhnkeulen à la Coq au vin

Rezept von Peppi Kalteis

M

Irish Stew (Irischer Lammeintopf)

mit Weißkohl

Sie mögen es nicht so gern, auf Kümmelkörner zu beißen? Dann kochen Sie 1 TL Kümmelsamen im Tee-Ei mit und entfernen dieses vor dem Essen wieder.

Für 4 Portionen

800 g Lammschulter ohne Knochen (vom Metzger parieren lassen)
1 große Zwiebel
1 Knoblauchzehe
2 Petersilienwurzeln
¼ Sellerieknolle
½ Stange Lauch
250 g Kartoffeln
¼ Kopf Weißkohl
5 EL Öl
1 l Rinderbrühe
1 EL gehackte Petersilie
1 TL Kümmel
1 Zweig Thymian
1 Prise Muskatnuss
Salz und Pfeffer aus der Mühle

1 Lammfleisch in 3 cm große Stücke schneiden. Zwiebeln, Knoblauch, Wurzelgemüse und Kartoffeln schälen und in Würfel bzw. Stücke schneiden. Weißkohl in feine Streifen schneiden.

2 Öl in einem großen Topf erhitzen und Weißkohl 5 Minuten anschwitzen.

Alle anderen Zutaten hinzugeben, mit Salz und Pfeffer abschmecken und etwa 1 Stunde unter gelegentlichem Umrühren kochen lassen.

3 Vor dem Servieren nochmals abschmecken.

Irish Stew: Da in Irland viele Schafe leben, ist es nicht verwunderlich, dass sich Irish Stew zum Nationalgericht entwickelt hat. Es gibt viele Zubereitungsvarianten für diesen deftigen Eintopf, wobei die Iren für das Originalrezept Hammelfleisch verwenden und sich an dem etwas strengen Geruch und Geschmack nicht stören. Traditionell gehören nur noch Kartoffeln und Zwiebeln ins Irish Stew, es passen aber auch Wurzelgemüse und Weißkohl sehr gut dazu. Mittlerweile haben viele junge Köche entdeckt, dass das Gericht mit Lammfleisch richtig lecker schmeckt.

Kümmel ist ein wärmendes Gewürz, das leicht brennend schmeckt und dessen Aroma durch die enthaltenen ätherischen Öle etwas an Limonen erinnert. Genau genommen handelt es sich beim Kümmel um die getrockneten Samen des Kümmelstrauchs, der in Europa, Nordafrika, Vorderasien und Indien bis zu einem Meter hoch wächst und weiße Dolden ausbildet.

Sauerbraten

vom Wildschwein

Frisches Wildschweinfleisch können Sie von Juni bis Januar kaufen, ganzjährig gibt es das Fleisch von Frischlingen.

Für 4 Portionen

1 kg Wildschweinkeule (ohne Knochen)
1 EL Dinkelmehl
100 g süße Sahne

Marinade
2 Zwiebeln
2 Möhren
½ Sellerieknolle
4 Lorbeerblätter
4 Gewürznelken
6 Wacholderbeeren
20 g Salz
1 EL schwarze oder bunte Pfefferbeeren
500 ml Rotwein
200 ml Rotweinessig

1 2 Tage vor dem Kochen das Fleisch in die Marinade einlegen. Dazu Zwiebeln schälen und achteln, Möhren und Sellerie putzen und klein schneiden. In einen großen Topf 1 l Wasser füllen und alle festen Zutaten hinzugeben. Marinade kurz aufkochen, etwas abkühlen lassen, Rotwein und Rotweinessig hinzugeben. Die Wildschweinkeule in die Beize legen und komplett zugedeckt 2 Tage ziehen lassen, dabei nach 24 Stunden einmal wenden.

2 Zum Braten den Backofen auf 180 °C (Umluft 160 °C) oder Stufe 2 (Gas) vorheizen. Den Wildschweinbraten in einen Bräter oder eine Auflaufform legen und mit so viel Marinade aufgießen, bis der Sud etwa 2 cm hoch in der Form steht.

3 Den Braten (ohne Deckel) im heißen Ofen 45 Minuten backen, umdrehen, etwas Marinade sowie das Gemüse hinzugeben und weitere 45 bis 60 Minuten backen.
Das Fleisch aus der Form nehmen, in ein großes Stück Alufolie einwickeln und 10 Minuten ruhen lassen.

4 In der Zwischenzeit die Sauce mit etwas Mehl binden, nach Geschmack würzen und mit Sahne verfeinern. Dazu passen Salzkartoffeln, Kartoffelknödel, Kartoffelbrei oder Spätzle und Rotkohl.

Hirschbraten

mit Kirschsauce und Maronen

1 Den Backofen auf 180 °C (Umluft 160 °C) oder Stufe 2 (Gas) vorheizen. Die Maronen wie auf Seite 73 beschrieben schälen. Fleisch unter laufend kaltem Wasser waschen, mit einem Küchenpapier trocken tupfen und mit Salz sowie Pfeffer würzen. Karotten und Sellerie putzen und in Stücke schneiden. Zwiebeln schälen und achteln.

2 Fleisch und Gemüse in einen Fleischbräter legen. Butter, etwas Wildfond und Rotwein hinzugeben und im Backofen 45 Minuten (ohne Deckel) braten. Mehrmals wenden, damit die Zutaten gleichmäßig bräunen.

3 Wacholder, Lorbeer, Rosmarin, Salbei und Nelken zum Sud geben und etwas mehr Fond und Rotwein aufgießen. Weitere 45 Minuten schmoren.

4 Braten aus dem Ofen nehmen, in Alufolie einwickeln und etwa 10 Minuten ruhen lassen. Den Bräter auf eine heiße Herdplatte stellen. Abgetropfte Kirschen, Kirschsaft, Maronen sowie den Rest von Fond und Rotwein hinzugeben und alles einmal kurz aufkochen lassen.

5 Braten aus der Folie nehmen, in Scheiben schneiden und mit der Sauce übergießen.

Maronen sind die essbaren Früchte der Kastanienbäume, denen die chinesische Ernährungslehre eine wärmende Wirkung zuschreibt. Süß und lecker: Marrons glacés. Diese besonders großen Esskastanien werden langsam und vorsichtig in Zuckersirup glasiert, damit sie nicht zerfallen.

Dazu können Sie Semmelknödel und Rotkohl reichen.

Für 6 Portionen

24 frische oder geschälte Maronen
1,5 kg Hirschbraten (Nuss, Hüfte oder Schulter)
Salz und Pfeffer aus der Mühle
2 Karotten
¼ Sellerieknolle
2 Zwiebeln
3 EL Butter zum Anbraten
500 ml Wildfond oder Rinderbrühe (s. S. 143)
250 ml Rotwein
4 Wacholderbeeren
2 Lorbeerblätter
etwas Rosmarin (frisch oder getrocknet)
2 Salbeiblätter
2 Gewürznelken
200 g Schattenmorellen aus dem Glas
200 ml Kirschsaft

Bräter: Zum Braten und Schmoren großer Fleischstücke im Ofen nehmen Sie einen Bräter, der Schmortopf wird auch als Kasserolle oder Reine bezeichnet. Um die Hitze lange zu speichern und gleichmäßig an das Bratgut abzugeben, haben sich Materialien wie Gusseisen, Stahlkeramik, Aluguss, Edelstahl, Kupfer und Naturton bewährt. Formen aus Porzellan eignen sich nicht.

Bratdauer: Schätzen Sie die Höhe des Fleischstücks in Millimetern ab und multiplizieren Sie den Wert mit 1,5. Durch diese Faustregel ergibt sich die Dauer, die der Braten im Ofen bleiben sollte.

Rezept von Peppi Kalteis

Lammkeule still und langsam gegart

auf Ratatouille aus roter Paprika, Ziegenkäse und grünem Pfeffer

1 Backofen auf 100 °C (Umluft 80 °C) oder Stufe 1/2 (Gas) vorheizen. Mit einem scharfen Messer Sehnen und Fett von der Lammkeule abschneiden. Fleisch mit Meersalz und Pfeffer würzen.

2 Pfanne mit 3 EL Olivenöl erhitzen und Fleisch von allen Seiten anbraten, sodass es etwas Farbe annimmt.

3 Lammkeule auf ein großes Stück Alufolie legen und mit Rosmarin, Knoblauch und dem restlichen Olivenöl einwickeln. Verpacktes Fleisch auf ein Backgitter legen und etwa 3 Stunden garen. Die Kerntemperatur messen: Bei 60 °C Kerntemperatur ist die Lammkeule rosa, bei 65 °C fast durchgegart.

4 Währenddessen das Ratatouille zubereiten. Dazu Paprika waschen, entkernen, mit dem Sparschäler schälen und in 1 cm große Würfel schneiden. Zwiebel schälen und fein würfeln. Pfanne mit Öl erhitzen, Paprika und Zwiebel mit Thymian und Lorbeerblatt 5 Minuten anschwitzen. Pfeffer, grünen Pfeffer, gewürfelten Ziegenkäse sowie Ajvar hinzugeben und 1 Minute kurz mitschwitzen lassen. Gemüse mit Salz und Pfeffer abschmecken.

5 Wenn die Lammkeule gar ist, das Fleisch auswickeln, vom Knochen lösen, in dünne Scheiben schneiden und auf dem Ratatouille anrichten.

Einen Kerntemperaturmesser erhalten Sie im Küchenfachgeschäft.

Für 4 Portionen

Lammkeule
1 kg Lammkeule im Ganzen
fein gemahlenes Meersalz
Pfeffer aus der Mühle
8 EL Olivenöl
1 EL gehackter Rosmarin
1 Knoblauchzehe geschält und in Scheiben geschnitten

Ratatouille
4 rote Paprikaschoten
1 rote Zwiebel
2 EL Olivenöl
2 Thymianzweige
1 Lorbeerblatt
Pfeffer aus der Mühle
1 EL eingelegte grüne Pfefferkörner
200 g Ziegenkäsewürfel
3 EL Ajvar (s. S. 33)
fein gemahlenes Meersalz

Buchtipp

Der Literaturjournalist Bill Buford nahm sich ein Jahr lang eine Auszeit, um im New Yorker 3-Sterne-Restaurant »Babbo« das Kochen von der Pike auf zu erlernen. Im Buch »Hitze« beschreibt er seinen Posten am Grill: »Der Arbeitsplatz war ein Backofen.«

Heißer Tipp

Peposo notturno (nächtliche Pfeffrigkeit) heißen die auf Niedrigtemperatur über Nacht in Rotwein gegarten Rinderhaxen, die Bill Buford als sein Lieblingswinterrezept bezeichnet. Sie brauchen dafür nur fünf Zutaten: klein geschnittenes Fleisch von 2 Haxen, 4 gehäufte EL grob gemahlenen Pfeffer, 1 EL Meersalz, ungehäutete Zehen von 1 Knoblauchknolle und 1 Flasche Chianti.

Alles in einen Bräter geben und im Backofen kurz auf höchster Stufe erhitzen. Temperatur auf 100 Grad herunterdrehen und über Nacht – also acht bis zwölf Stunden – schmoren lassen. Zu diesem Fleischgericht serviert man in der Toskana traditionell Brot und den Wein, der in der Sauce verarbeitet ist.

Tafelspitz

1 In einem großen Topf 1,5 l Salzwasser mit dem Rinderfond aufkochen. Sie können auch 2 l selber gekochte Rinderbrühe (s. S. 143) verwenden. Den Tafelspitz hineinlegen, Cognac und Gewürze hinzugeben und gut 2 Stunden mit geschlossenem Deckel auf kleiner Flamme köcheln lassen. Zwischendurch den entstehenden Schaum mit einer Schöpfkelle abnehmen.
2 Zwiebeln waschen und mit Schale verwenden, das andere Gemüse putzen. Alles in Streifen schneiden und weitere 15 Minuten mitkochen lassen.
3 Das Fleisch aus der Brühe nehmen und mit einem scharfen Messer in 1 cm dicke Scheiben schneiden. Tafelspitz auf Tellern anrichten und dazu eine Meerrettichsauce (s. S. 34) reichen.

TIPP Als Tafelspitz bezeichnet man einen spitz zulaufenden Muskelstrang aus der Rinderhüfte, die Fettauflage wird mitgekocht. Andere Worte für das saftige Fleischstück sind Rosenspitz oder schlicht Schwanzstück.

Zu Tafelspitz passen Röst- oder Bouillonkartoffeln.

Für 4 Portionen
1 kg Tafelspitz
2 TL Salz
500 ml Rinderfond
40 cl Cognac
2 Lorbeerblätter
1 TL Pfefferkörner
½ TL Senfkörner
5 Wacholderbeeren
5 Pimentkörner
2 Nelken
2 Zwiebeln
1 Stange Lauch
100 g Sellerieknolle
3 Karotten

Rezept von Peppi Kalteis

Perlhuhnkeulen à la Coq au vin

Dazu passt sehr gut geröstetes Weißbrot.

Für 4 Portionen

8 Perlhuhnkeulen (ca. 1 kg)
500 g Karotten, Frühlingslauch und Schalotten
2 Knoblauchzehen
50 g durchwachsener Speck
750 ml Rotwein (Burgunder)
200 ml Weinbrand
8 EL Leinsamenöl zum Anbraten
1 Lorbeerblatt
1 Prise Muskatnuss
je ein Thymian- und Rosmarinzweig
fein gemahlenes Meersalz
Pfeffer aus der Mühle
1 EL Maisstärke zum Abbinden

1 Fleisch 3 Stunden lang marinieren. Dazu Perlhuhnkeulen am Gelenk halbieren. Karotten schälen und in grobe Würfel schneiden. Frühlingszwiebel in 1 cm große Stücke schneiden. Schalotten und Knoblauch schälen und halbieren.

2 Fleisch, Gemüse, Speck, Rotwein und 100 ml Weinbrand in eine Schüssel geben, zudecken und mindestens 3 Stunden, am besten über Nacht marinieren lassen.

3 Alles über ein Sieb abgießen und den Fond auffangen. Das Gemüse vom Hühnchen sortieren. In einem breiten Topf die Hälfte des Leinsamenöls erhitzen, Hühnchenkeulen darin anbraten, dabei mit Salz und Pfeffer würzen. Das Fleisch Farbe annehmen lassen und wieder herausnehmen.

4 Öl aus dem Topf gießen, 500 ml Wasser hinzugeben und damit den Bratsatz lösen. Den so entstandenen Fond abgießen und beiseite stellen.

5 Restliches Öl in den Topf geben und das Gemüse darin 5 Minuten anrösten. Fleischstücke hinzugeben und mit dem restlichen Weinbrand flambieren. Rotweinfond, Lorbeer, Muskat, Thymian und Rosmarin hinzugeben, einmal aufkochen lassen und den Schaum abschöpfen.

6 Das Fleisch im Topf mit geschlossenem Deckel im 200° C heißen Backofen 90 Minuten weich schmoren. Den Fond in einen kleinen Topf abgießen, etwas einkochen lassen, abschmecken und evtl. mit etwas Maisstärke abbinden.

Süßes

Kirschkompott mit Rotwein und Sternanis

Zitronengras-Kokos-Crème-brûlée mit Pfirsich-Chili-Chutney
Rezept von Peppi Kalteis

Honigfrüchte mit Walnüssen und Zimt

Karamellisierte Litschis mit Kokossabayone

Flambierte Rotweinpfirsiche

Warmes Dinkel-Frühstück

Zimtmuffins

Tarte Tatin mit Zimtzwetschgen

Warmer Kirschstrudel

KIRSCHEN

Kirschkompott mit Rotwein und Sternanis

Sie können das Kirschkompott mit einer Messerspitze Nelkenpulver würzen oder ein Stück Ingwer mitkochen, das Sie kurz vor dem Servieren wieder herausholen.

Für 2 Portionen

1 Glas Schattenmorellen (Abtropfgewicht 360 g)
250 ml Rotwein
2 EL Zucker
2 gehäufte TL Stärke
1 ganzer Sternanis
1 Prise Muskatnuss
125 g steif geschlagene Sahne

1 Die Kirschen abgießen. In einer Schüssel 50 ml Rotwein mit Zucker und Stärke verrühren.

2 Den restlichen Wein mit dem Sternanis in einem Topf aufkochen und die Rotwein-Stärke-Mischung unter ständigem Rühren hinzugeben. 2 Minuten auf kleiner Flamme köcheln lassen. Kirschen hinzufügen, mit Muskat abschmecken und kurz aufkochen lassen. Den Sternanis entfernen.

3 Das Kompott in zwei Dessertgläser füllen und abkühlen lassen. Mit geschlagener Sahne servieren. Zur Dekoration können Sie die dekorativen ganzen Sternanisfrüchte nehmen.

Sternanis: Die getrockneten Früchte des Sternanisbaums duften und schmecken leicht nach Anis, botanisch sind die beiden Pflanzen jedoch nicht verwandt. Mit Sternanis können Sie Kompott, Pfefferkuchen und Glühwein würzen. Er ist auch Bestandteil des chinesischen Fünf-Gewürze-Pulvers (s. S. 94). Am besten kaufen Sie die ganzen Früchte und zerstoßen bei Bedarf die Samen im Mörser. Sie können sie aber auch komplett mitkochen und vor dem Servieren wieder entfernen.

Rezept von Peppi Kalteis

Zitronengras-Kokos-Crème-brûlée

mit Pfirsich-Chili-Chutney

1 Backofen auf 80 °C (Umluft) vorheizen. Das Zitronengras fein schneiden, in einem Topf mit der Kokosmilch erwärmen und 15 Minuten ziehen lassen.

2 In einer Schüssel Eigelbe mit Zucker gut verrühren, die heiße Kokosmilch durch ein Sieb darübergießen und verrühren. Creme in 4 Schüsseln verteilen und im Backofen bei 80 Grad Umluft 30 bis 40 Minuten stocken lassen, bis sie eine Konsistenz von gestocktem Pudding erreicht hat.

3 Creme abkühlen lassen. Kurz vor dem Servieren braunen Zucker über die Creme streuen und mit dem Bunsenbrenner gleichmäßig abbrennen.

Für 4 Portionen

2 Stangen Zitronengras
500 ml Kokosmilch
8 Eigelb (Bio-Qualität)
80 g Zucker
4 EL brauner Zucker zum Abflammen
4 El Pfirsich-Chili-Chutney (s. S. 87)
Bunsenbrenner

Wenn Sie Ihre Gäste mit einer Crème brûlée überraschen möchten, sollten Sie sich einen Bunsenbrenner anschaffen oder zumindest ein Gerät leihen. Mit dem kleinen Gasbrenner können Sie den Zucker auf dem Dessert abbrennen – so entsteht auf der kalten Creme eine heiße Kruste. Im „normalen" Backofen reichen die Temperaturen nicht aus, um die Zuckerkruste auf der Crème brûlée herzustellen; mit einem integrierten Grill geht es auch.

Honigfrüchte mit Walnüssen und Zimt

Die wärmenden Walnüsse sind reich an ungesättigten Fettsäuren, die der Körper nicht selbst herstellen kann.

Für 2 Portionen
6 Aprikosen oder 2 Pfirsiche
50 g Walnüsse
1 kleines Stück Ingwer
½ Vanilleschote
2 EL Honig
1 EL Butter
½ TL Zimt

1 Früchte waschen, Aprikosen halbieren und entkernen. Pfirsiche kurz in einen Topf mit kochendem Wasser geben und danach in kaltem Wasser abschrecken. Mit einem spitzen Messer die Haut abziehen, dann die Früchte halbieren und entkernen.

2 Die Walnüsse hacken, in einer Pfanne ohne Öl kurz anrösten und beiseite stellen. Ingwer schälen und mithilfe einer Knoblauchpresse den Saft in einen kleinen Topf geben. Vanilleschote mit einem spitzen Messer längs einschneiden, Mark herauskratzen und zum Ingwersaft geben. Mit dem Honig erwärmen.

3 2 kleine feuerfeste Formen mit Butter ausstreichen. Backofen auf 200 °C (Umluft 180 °C) oder Stufe 3 (Gas) vorheizen. Früchte mit den Schnittflächen nach oben hineinlegen und Honigmasse darüber träufeln. Etwa 15 Minuten backen, bis die Früchte weich sind.

4 Zum Servieren mit Walnüssen und Zimt bestreuen.

TIPP Karamellisierte Walnüsse duften und schmecken ähnlich wie gebrannte Mandeln vom Jahrmarkt: In einer Pfanne 100 ml Wasser, 3 gehäufte EL braunen Zucker, 1 Päckchen Vanillezucker und etwas Zimt aufkochen lassen. 50 g Walnüsse hinzugeben. So lange unter ständigem Rühren weiterkochen lassen, bis das Wasser verdampft ist. Einzeln auf ein Backpapier legen und auskühlen lassen.

Rezept von Peppi Kalteis

Karamellisierte Litschis

mit Kokossabayone

Für 2 Portionen

6 Pfirsiche
1 Dose Litschis (Abtropfgewicht 200 g)
2 EL Erdnussöl
2 EL brauner Zucker
2 EL Kokosflocken
2 cl Zuckerrohrschnaps

Sabayone

4 Eigelb
120 ml Kokosmilch
120 ml Litschisaft (aus der Dose)

1 Pfirsiche halbieren, den Kern entfernen und aus jeder Hälfte 6 Spalten schneiden. Litschis abgießen und den Saft für die Sabayone auffangen. Ebenfalls den Kern entfernen und Früchte halbieren.

2 In einer beschichteten Pfanne Öl erhitzen, Litschis und Pfirsichspalten hineingeben und den Zucker darüberstreuen. Das Obst für 3 Minuten scharf anbraten, bis die Ränder der Pfirsiche leicht Farbe nehmen. Danach die Kokosflocken zugeben, mit dem Zuckerrohrschnaps flambieren und auf Tellern anrichten.

3 Die Eigelbe mit der Kokosmilch und dem Litschisaft in einer breiten Schüssel über dem heißen Wasserbad schlagen, bis die Masse cremig abbindet. Dies kann – je nach Breite der Schüssel und wie schnell das Wasser kocht – 5 bis 10 Minuten dauern.

4 Die Früchte mit der Sabayone überziehen und sofort servieren.

Litschi: haben eine rosa- bis dunkelrote raue Schale, die Sie wie ein gekochtes Ei pellen müssen, um an das köstliche Fruchtfleisch zu gelangen. Sie schmecken zart süß-säuerlich, verströmen ein leichtes Muskataroma und wirken wärmend. Der große Kern im Inneren ist ungenießbar. Da die Früchte bereits wenige Tage nach der Ernte schrumpeln und ihr Aroma verlieren, werden sie hauptsächlich als Konserve angeboten.

Flambierte Rotweinpfirsiche

Wichtig: Bitte lesen Sie vorher die Hinweise zum Flambieren auf Seite 60.

Für 2 Portionen

1 EL Pinienkerne
1 Vanilleschote
100 g süße Sahne
4 Pfirsiche (frisch oder aus der Dose)
125 ml Rotwein
1 EL Zucker
½ TL Zimt
1 TL rosa Pfefferbeeren
2 cl Rum

1 Pfanne ohne Fett erhitzen und Pinienkerne darin rösten, bis sie leicht braun werden. Beiseite stellen.

2 Vanille aus der Schote kratzen. In einem hohen Rührgefäß Sahne steif schlagen und mit Vanille und etwas Zucker abschmecken.

3 Frische Pfirsiche auf der Unterseite mit einem Messer kreuzweise einritzen, 20 Sekunden in kochendes Wasser legen. Mit kaltem Wasser abschrecken und die Haut abziehen. Früchte in Spalten schneiden.

4 In einer Pfanne Rotwein, frische Pfirsiche, etwas Zucker, Zimt und rosa Pfefferbeeren erhitzen und 10 Minuten köcheln lassen, bis die Früchte weich, aber nicht matschig sind. Alternativ Dosenpfirsiche abgießen, in Spalten schneiden und in der Rotweinlösung erwärmen.

5 Pfanne schräg halten, brennenden Rum auf die „trockene" Pfannenseite gießen, Pfanne leicht schwenken und Alkohol komplett verbrennen lassen. Pfirsiche (ohne Saft) im Fächer auf einem Teller anrichten, mit Vanillesahne und gerösteten Pinienkernen servieren.

Süßspeisen flambieren – so geht's! Mit Obstwässern, Cognac, Rum und Weinbrand können Sie Eierkuchen, Crêpes Suzette, Kuchen, englischen Plumpudding und frische Früchte flambieren. Da Liköre meist nicht so viel Alkohol enthalten, sollten Sie sie mit etwas Cognac, Rum oder Obstgeist mischen und vor dem Anzünden im Wasserbad erwärmen.

Vanille hat ein kräftiges Aroma, das die Sinne anregt und unser Gehirn anregt, mehr Serotonin auszuschütten. Dieser Botenstoff lässt uns gelassener und zufriedener werden. Angenehmer Nebeneffekt: Vanille-Schnüffler haben weniger Lust auf Süßes, der Duft scheint den Appetit zu zügeln.

Den Zusatz „Bourbon" dürfen nur die Schoten von den Inseln Madagaskar, Komoren und La Réunion tragen. Vanille ist übrigens – nach Safran – das zweitteuerste Gewürz der Welt, die größten Abnehmer sind Cola-Getränkehersteller.

„Echte" Vanille wird gelbgrün geerntet, mit heißem Wasser und Wasserdampf behandelt, fermentiert, getrocknet und in luftdichten Schraubgläsern verpackt. Bitte nicht im Kühlschrank lagern. „Vanillin" nennt sich das chemisch hergestellte Aroma.

Warmes Dinkel-Frühstück

Für 1 Portion

½ Tasse Dinkelkörner, -schrot oder -flocken , 1 Tasse Kokosmilch
1 Prise Salz, 1 TL Honig, etwas Zimt, zum Würzen eignen sich auch Anispulver, gemahlener Kardamom und Koriander.

Für ½ Tasse Getreide brauchen Sie etwa 1 Tasse Flüssigkeit.

Körner am Abend vorher in einem kleinen Topf mit 1 Tasse Wasser kurz aufkochen, Herdplatte ausstellen und den Topf über Nacht darauf stehen lassen. Am Morgen aufkochen, 5 bis 10 Minuten auf kleiner Flamme köcheln und bei geschlossenem Deckel nachquellen lassen. Warme Kokosmilch, Salz, Honig und Zimt unterrühren.

Schrot oder Flocken am Morgen in einem kleinen Topf mit gut 1 Tasse Flüssigkeit (Wasser und Kokosmilch) aufkochen, je nach Mahlgrad 10 bis 15 Minuten auf kleiner Flamme köcheln lassen, dabei gelegentlich umrühren. Herdplatte ausstellen und Dinkel nachquellen lassen. Salzen, Honig und Zimt unterrühren.

Süße Beilagen

- Pfirsiche, Aprikosen oder Kirschen mit einer Zimtstange in Wasser dünsten und nach Geschmack süßen.
- Getrocknete Aprikosen über Nacht in Wasser einweichen und kurz aufkochen.
- Pinienkerne oder gehackte Walnüsse trocken rösten oder karamellisieren.
- Süßer Ingwersirup (s. S. 44)

Viele Frauen beginnen den Tag mit Joghurt, Quark oder Südfrüchten – doch wirken diese Lebensmittel gemäß chinesischer Ernährungslehre kühlend. Wer viel friert, sollte mit einem warmen Frühstück starten. Getreidebreie eignen sich wunderbar, um schon gleich am Morgen von innen einzuheizen. Das Zubereiten braucht zwar etwas Zeit, aber der Aufwand lohnt sich! Nehmen Sie sich auch das warme Frühstück anderer Länderküchen zum Vorbild: Beim englischen „full breakfast" essen Sie Gebratenes wie Würstchen, Frühstücksspeck, Spiegeleier oder Rühreier. Dazu gibt es warme Bohnen (baked beans) und Kartoffeln (hash browns).

Zimtmuffins

Das ideale Gebäck zum Nachmittagstee.

Für 12 Muffins

½ Kaffeetasse Sonnenblumenöl
¼ Kaffeetasse brauner Zucker
¼ Kaffeetasse weißer Zucker
1 Ei
½ Kaffeetasse Zuckerrübensirup
100 g Walnüsse
3 Kaffeetassen Mehl
1 ½ EL Backpulver
1 EL Zimt
1 TL frisch geriebener Ingwer
1 TL Salz
Margarine für die Form
Muffinform

1 Backofen auf 180 °C (Umluft 160 °C) oder Stufe 2 (Gas) vorheizen. In einer Schüssel Öl und Zucker schaumig schlagen. Ei und Sirup hinzugeben und mischen.

2 Walnüsse hacken. In einer zweiten Schüssel die trockenen Zutaten mischen. ½ Kaffeetasse Wasser erhitzen. Nach und nach mit den trockenen Zutaten unter die Zucker-Ei-Mischung heben.

3 Muffinformen einfetten, mit Teig füllen und 25 Minuten backen.

Zimt wird aus der Rinde eines Lorbeergewächses gewonnen. Die Zimtstangen, die vom Ceylon-Zimtbaum stammen, erhalten Sie bei uns auch unter dem Namen Kaneel. Der chinesische Zimtbaum liefert Kassia, das nicht ganz so aromatisch ist.

Tarte Tatin

mit Zimtzwetschgen

Frische Zwetschgen gibt es von Mitte August bis Mitte September zu kaufen. Im Winter können Sie auf eingekochte Zwetschgen im Glas ausweichen.

Mürbeteig
60 g Puderzucker
120 g kalte Butterstückchen
240 g Mehl
1 Prise
Salz
1 Ei
Mehl für die Arbeitsfläche
Fett für die Backform
Kuchen-, Pizza- oder Pieform (Durchmesser 26 cm)

Belag
400 g frische oder 1 Glas eingekochte Zwetschgen
50 g Zucker
20 g Butter
1 TL Zimt
1 Päckchen „echter" Vanillezucker

1 Alle Zutaten für den Mürbteig in eine Schüssel geben. Erst mit den Knethaken des Handrührgeräts, dann mit den Händen schnell zu einem homogenen Teig verkneten. Daraus eine Kugel formen, in Frischhaltefolie wickeln und 45 Minuten kühl stellen.

2 Backofen auf 200 °C (Umluft 180 °C) oder Stufe 4 (Gas) vorheizen. Frische Zwetschgen waschen, entkernen und halbieren. Früchte aus dem Glas gut abtropfen lassen und mit Küchenkrepp trocken tupfen. Den Rand der Backform einfetten.

3 In einer Pfanne Zucker und Butter bei großer Hitze unter Rühren karamellisieren lassen und Zimt untermischen. Den dickflüssigen warmen Karamell in die Backform gießen. Zwetschgen mit der Schnittfläche nach unten in die Form legen, dabei leicht schichten.

4 Etwas Mehl auf die Arbeitsfläche streuen, Teig mit einem Nudelholz kreisförmig ausrollen und vorsichtig auf die Pflaumen legen. Den Teig am Rand nach unten drücken, damit der Kuchen nach dem Stürzen besser zusammenhält. Tarte 30 Minuten backen, aus dem Ofen herausnehmen und 5 Minuten abkühlen lassen.

5 Eine runde Tortenplatte mit der Oberseite nach unten auf die Backform legen und den Kuchen stürzen. Tarte Tatin mit Vanillezucker bestreuen und lauwarm servieren. Dazu passt geschlagene Sahne, die Sie mit etwas Zimt verfeinern können.

Warmer Kirschstrudel

Mit echtem Vanillezucker ein Hochgenuss.

Teig

Butter zum Bestreichen
400 g Mehl
1 Prise Salz
2 EL Sonnenblumenöl
1 Ei
Mehl zum Bestäuben
Sonnenblumenöl fürs Backblech
fusselfreies Küchenhandtuch
Backpinsel
Füllung
2 Gläser Sauerkirschen (à 380 g)
200 g Butter
80 g Zucker
2 TL Zimt
100 g gehackte Walnüsse
150 g Semmelbrösel

Zum Bestäuben

1 Vanilleschote
50 g Puderzucker

1 Ofen auf 30 °C vorwärmen. Butter anwärmen. Mehl auf der Arbeitsfläche zu einem Krater häufen und in die mittlere Vertiefung Salz, Öl und Ei geben. Nach und nach 200 ml lauwarmes Wasser einrühren. Zutaten mit den Händen zu einem glatten Teig verkneten. Teig dünn mit Öl bestreichen, mit einem Küchentuch abdecken und 30 Minuten im Ofen ruhen lassen.

2 Für die Füllung die Kirschen abgießen und gut abtropfen lassen. In einem Topf Butter zusammen mit Zucker, Zimt, Nüssen und Bröseln erwärmen.

3 Den Backofen auf 200 °C (Umluft 180 °C) oder Stufe 3 (Gas) vorheizen. Strudelteig auf eine bemehlte Arbeitsfläche legen, mit Mehl bestäuben und mit der Nudelrolle gleichmäßig dünn ausrollen. Den Teig mit der Buttermischung bepinseln und die Kirschmasse verteilen, dabei den äußeren Rand frei lassen. Strudel 5 Minuten ruhen lassen.

4 Zum Ausziehen des Teigs mit beiden Händen daruntergreifen, wobei die Handflächen nach unten zeigen. Teig mit den beiden Handrücken vorsichtig nach außen ziehen, dabei mehrmals ansetzen und die Richtung ändern. Den Teig auf ein Küchenhandtuch legen. Ränder dünner ziehen. Küchenhandtuch an der kurzen Seite mit beiden Händen anheben und so den Teig langsam nach vorn rollen. Rand zudrücken.

5 Backblech mit Öl bestreichen, Strudel vorsichtig daraufrollen und mit flüssiger Butter bestreichen. 50 Minuten backen.

6 Das Innere aus der Vanilleschote kratzen und in einer kleinen Schüssel mit Puderzucker vermengen. Strudel mit Butter bestreichen, Vanillezucker daraufstreuen und warm servieren.

Flüssiges

Ingwertee, Yogi-Tee, Tulsi-Tee, Fencheltee

Winter-Rooibos-Tee

Schwarzer Tee mit Gewürzen

Zimtkaffee, Kardamomkaffee, Kaffee mit Lebkuchengewürz

Chili-Schoko-Liebeszaubertrank

Ingwer-Tee bereiten Sie ganz leicht selbst zu. Dazu von der frischen, geschälten Ingwerknolle einige Scheiben abschneiden, mit heißem Wasser übergießen und ziehen lassen. Je nach Geschmack mit Honig oder Zucker süßen. Sie können auch Rooibos-Tee zusammen mit Ingwerscheiben aufkochen.

Yogi-Tee ist ein ayurvedischer Gewürztee, den Sie im Topf köcheln oder – wenn er im Teebeutel abgepackt ist – im Becher ziehen lassen. Die klassische Mischung enthält Zimt, Ingwer, Kardamom, Nelken und schwarzen Pfeffer. Erhältlich ist Yogi-Tee in Bio-Läden.

Tulsi-Tee ist ein in Indien beliebter Aufguss mit „heiligem Basilikum“. Das Tulsikraut wird mit Gewürzen wie Zimt, Ingwer, Pfeffer und Anis gemischt. Tulsi-Tee erhalten Sie in Bio-Läden.

Fencheltee regt den Appetit an, fördert die Verdauung und lindert Blähungen und Krämpfe. Daher trinken viele stillende Mütter diesen süßlichen, etwas nach Lakritz schmeckenden Tee. 1 gehäuften TL Fenchelsamen mit 250 ml kochend heißem Wasser 10 Minuten ziehen lassen und dann abseihen.

Winter-Rooibos-Tee

1 Trockene Gewürze in einem Mörser zerdrücken, mit Ingwer und Teeblättern in eine Kanne geben und mit 1 l kochendem Wasser aufgießen. Kanne auf ein Stövchen stellen, Tee 10 Minuten ziehen lassen.

2 Durch ein Sieb in die Tassen gießen. Je nach Geschmack mit Zucker oder Honig süßen.

Rotbusch (Afrikaans: rooi = rot, bos = Busch) ist ein etwa ein Meter hoher Strauch, der nur in Südafrika angebaut wird – und zwar rund 200 km nördlich von Kapstadt in der Provinz Westkap. Für den Tee werden die dünnen Triebe der Zweige geschält und klein geschnitten. Beim Kontakt mit der Luft setzt die Fermentation der Säfte ein, sodass sich die Fasern rot einfärben.

Fertige Rooibos-Mischungen gibt es mit verschiedenen wärmenden Gewürzen.

Für 1 Tee

⅓ Zimtstange
1 Sternanis
2 Nelken
4 Scheiben frischer Ingwer
1 gehäufter EL Rooibos-Tee
nach Geschmack: brauner Zucker oder Honig

Schwarzer Tee mit Gewürzen

Die Gewürzmischung können Sie im Schraubglas aufbewahren.

Für 5 Tassen

3 grüne Kardamomkapseln
2 Nelken
½ TL Fenchelsamen
½ TL Anis
½ Zimtstange
etwas frischer Ingwer
3 EL Zucker
250 ml Milch
2 EL schwarzer Tee (Assam)
brauner Zucker oder Honig nach Geschmack

1 Kardamomkapseln aufknacken. Einen Topf erhitzen und die Gewürze darin anrösten.

2 Mit Milch und 3 Tassen heißem Wasser ablöschen und im offenen Topf 5 Minuten köcheln lassen.

3 Tee hinzugeben und alles kurz aufkochen lassen. Auf niedrigster Stufe im geschlossenen Topf 10 bis 15 Minuten ziehen lassen.

4 Tee durch ein Sieb in eine Kanne oder gleich in die Tassen gießen. Je nach Geschmack mit Zucker oder Honig süßen.

Masala Chai ist ein gewürzter schwarzer Tee. Für das Gewürzpulver die Kerne von 6 grünen Kardamomkapseln in einen Mörser geben, mit 1 TL schwarzen Pfefferkörnern und 3 Gewürznelken fein zermahlen. 1 EL Ingwerpulver untermischen. Für 1 l heißen Schwarztee genügt ½ TL Masala.

Zimtkaffee mit karamellisiertem Zucker kochen Sie im Topf: 2 EL braunen Zucker im heißen Topf karamellisieren lassen, mit 200 ml Wasser ablöschen und rühren, bis sich der Karamell auflöst. 150 ml Milch und eine Zimtstange hinzugeben und 5 Minuten köcheln lassen. 2 EL grob gemahlenen Kaffee zufügen und weitere 5 Minuten köcheln lassen. Durch ein feinmaschiges Sieb in 2 Kaffeebecher gießen. Mit Milchschaum und etwas Zimtpulver servieren.

Kardamomkaffee können Sie in Mokkatassen servieren. In einen Topf 500 ml kaltes Wasser, 4 EL besonders fein gemahlenen Kaffee und 1 TL Kardamomsamen geben und aufkochen lassen. Kaffee durch einen Kaffee- oder Teefilter in die Kanne oder gleich in die Tassen geben.

Kaffee mit Lebkuchengewürz erinnert durch seinen typischen Duft an das traditionelle Weihnachtsgebäck. Sie können das Lebkuchengewürz kaufen oder mischen dafür Zimtpulver mit etwas Koriander- sowie Ingwerpulver und 1 Prise gemahlener Gewürznelken. Im Topf Kaffee mit den Gewürzen aufkochen, 3 Minuten ziehen lassen und dann durch einen Kaffee- oder Teefilter in die Kanne oder in die Tassen gießen.

Chili-Schoko-Liebeszaubertrank

Da Sie diese heiße Schokolade mit wärmenden Gewürzen wie Cayennepfeffer und Nelken anrühren, wird Ihnen beim Trinken garantiert ganz warm ums Herz.

Für 2 Portionen
200 ml Milch
200 ml Kokosmilch
50 g Bitterschokolade
Mark von 1 Vanilleschote
2 EL brauner Zucker
1 EL Cayennepfeffer oder 2 Spritzer Tabasco
1 Prise Nelkenpulver
1 Prise Salz
1 Prise Nelkenpulver zum Servieren
3 EL Kokoslikör, 1 Schnapsglas Rum oder Tequila nach Geschmack

1 In einem Topf Milch, Kokosmilch, Schokolade und Vanillemark erhitzen, aber nicht kochen. Mit Zucker und den Gewürzen abschmecken.

2 Mit einem Milchschäumer aufschlagen und in zwei Henkelbecher aus Glas gießen. Mit Nelkenpulver servieren.

Die heiße Chili-Schokolade wärmt die Gemüter, ist aber auch sehr gehaltvoll.

Schokolade Laut Studien hellt Schokolade die Stimmung auf, was ihr den Ruf als „Glücklichmacher“ eingebracht hat.

Basics

Hühnersuppe

Rinderbrühe

Gemüsefond

Hühnersuppe

Eine lang gekochte Suppe soll die Kräfte wieder wecken.

Für einen 3-Liter-Topf

1 frisches Bio-Suppenhuhn (etwa 1,4 kg)
1 Karotte
1 Petersilienwurzel
½ Sellerieknolle
2 Zwiebeln
1 Lauchstange
2 Lorbeerblätter
1 TL Pfefferkörner
1 EL Salz

1 Suppenhuhn waschen und mit einem Küchenpapier trocken tupfen. In den Suppentopf legen und mit heißem Wasser 5 Minuten blanchieren. Wasser danach wieder abgießen.

2 Karotte, Petersilienwurzel und Lauch waschen, putzen und in Stücke schneiden. Sellerie schälen und würfeln. Zwiebeln waschen und vierteln – die Schalen kochen mit, weil sie die Suppe goldgelb färben.

3 Alle Zutaten in den Suppentopf geben und mit kaltem Wasser aufgießen, sodass das Huhn gut bedeckt ist. Wasser zum Kochen bringen und dann bei schwacher Hitze mit geschlossenem Deckel 2 Stunden köcheln lassen. Falls das Suppenhuhn zu weit oben schwimmen sollte, können Sie es mit einem kleinen Suppenteller beschweren. Zwischendurch den entstandenen Schaum mit einer Schaumkelle abschöpfen.

4 Suppenhuhn aus der Brühe nehmen. Es eignet sich nur noch bedingt zum Essen, da es sein Aroma bereits an die Suppe abgeben hat. Die Brühe zweimal abgießen: Beim ersten Mal durch ein grobes Sieb in einen Topf geben. Dann ein Küchenpapier oder eine fusselfreie Stoffserviette in das Sieb legen und so die Trübstoffe ausfiltern.

Sollte Ihnen die Brühe zu gehaltvoll sein, können Sie das nach dem Abkühlen oben schwimmende weiße Fett mit einem Küchenpapier aufsaugen.

Wußten Sie schon? Müttern im Wochenbett war angeraten, jeden Morgen eine Tasse Suppe zu trinken, weil sie nicht nur die Lebensenergie Qi nährt, sondern auch die Milchbildung anregt.

Rinderbrühe

Auf dem Markt erhalten Sie das Suppengrün im Bund.

Für einen 3-Liter-Topf
500 g Rinderknochen
1 Fleischknochen
1 weiße Zwiebel
1 TL schwarze Pfefferkörner
2 Lorbeerblätter
2 TL Salz
250 g Suppengrün: Karotte, Knollensellerie, Petersilienwurzel, Lauch

1 Die Knochen mit warmem Wasser waschen. Zwiebel halbieren, die Schale kochen Sie später mit. Zwiebel mit der Schnittfläche in eine Pfanne geben und ohne Fett bräunen.
2 Fleisch und Zwiebel in einen großen Topf geben, mit so viel kaltem Wasser auffüllen, bis alles gut bedeckt ist. Mit Pfeffer und Lorbeer aufkochen und auf kleiner Flamme 2 Stunden köcheln, den Topfdeckel dabei halb offen lassen. Zwischendurch den Schaum mit einem Schaumlöffel abschöpfen.
3 Suppengrün putzen und in grobe Stücke schneiden. Gemüse und Salz zur Suppe geben und 30 Minuten mitkochen.
4 Rinderbrühe absieben und über Nacht auskühlen lassen. Das kalte Fett, das sich oben absetzt, mit einem Löffel abnehmen und entsorgen. Die Rinderbrühe nochmals aufkochen.

Gemüsefond

Für einen 3-Liter-Topf
2 Zwiebeln
2 Knoblauchzehen
2 Karotten
1 Petersilienwurzel
1 Lauchstange
1 Fenchelknolle
½ Sellerieknolle
3 EL Öl
2 Lorbeerblätter
5 Pimentkörner
5 Wacholderbeeren
5 weiße Pfefferkörner
2 gehäufte EL Salz

1 Zwiebeln und Knoblauch schälen, Gemüse putzen – alles in grobe Stücke schneiden. Öl in einer großen Pfanne erhitzen, Zwiebeln darin scharf anbraten. Auf mittlere Hitze herunterschalten, Knoblauch anbräunen, Gemüse hinzugeben, mitdünsten, mit etwas Wasser ablöschen und 20 Minuten köcheln lassen.
2 1,5 l kaltes Wasser in einen großen Topf füllen, das geschmorte Gemüse und die Gewürze hinzugeben. Faustregel: Auf 700 g Gemüse kommen etwa 50 g Salz, wobei 1 gehäufter Esslöffel Salz etwa 20 Gramm sind. Brühe aufkochen und 30 bis 45 Minuten köcheln lassen. Das Gemüse mit einem Schöpflöffel aus der Suppe entfernen. .

Register